동서문학
14집

동서문학상 수상자모임 동서문학회

동서문학

14집

꽃 피워내는 자리

봄트

책을 내며

마음밭을 가꾸며

동서문학회 제11대 회장 **이 병 숙**

몇 년 전 농촌으로 이주해 텃밭을 가꾸며 살고 있습니다. 처음에 농사는 정성만 다하면 되는 줄 알았습니다. 갖가지 씨앗이나 모종을 심고는 김도 매고 순도 쳐주며 하루가 다르게 자라는 작물들을 보는 재미로 전원생활을 만끽했습니다. 그러나 얼마 못 가 가뭄과 병충해로 정성이란 게 참으로 보잘것없음을 알게 되었습니다. 타들어 가고 뒤틀리고 앙상해 가는 작물들을 바라보며 왜 이 일을 시작했나 후회되기도 했습니다. 하지만 살아내려고 혼신을 다하는 남은 작물들을 보고만 있을 수는 없었습니다. 이웃 농부에게 자문도 구하고 인터넷 검색도 해가며 무너져가는 밭을 지키려 애를 썼습니다. 그 덕에 얼마간의 수확물을 얻고는 상품성은 없지만 유기농이라고 감지덕지하며 다시는 농사 짓지 않겠다는 마음을 돌리곤 합니다.

글을 쓰는 일도 마음밭을 일구어 얻어낸 생각을 활자화하는 일이라 생각합니다. 처음에는 정성만 들이면 다작도 명작도 낼 수 있을 것 같았습니다. 무뎌져가는 감성을 다독이고 일과에 쫓기는 몸을 추스르며 마음밭에 글 씨앗을 뿌렸습니다. 밭을 비옥하게 하기 위해 스승을 찾아 배움을 청하고, 학습관을 찾아 점검도 했습니다. 정보를 얻기 위해서는 발품도 아끼지 않았고, 따가운 훈수는 감내했습니다. 덕분에 얼마간의 결실을 얻고는 고무되어 장인의 꿈도 키웠습니다. 하지만 굳게 믿었던 꿈이 허명이란 걸 깨닫고는 모든 걸 내려놓고 싶기도 했습니다. 그래도 제일 잘 할 수 있고, 제일 하고 싶은 일이기에 또다시 매달릴 수밖에 없었습니다. 그리고 이제 글을 쓰는 일은 꿈도 허명도 아닌 삶의 한 축이 되었습니다.

그렇게 마음밭을 일구어 얻어낸 결실들을 동인지 14집으로 엮어 세상에 내놓습니다. 공을 들인 만큼 각박한 세상을 걷는 독자들께 따뜻한 마음의 길동무가 되어주길 기대해 봅니다.

우리의 마음밭에 햇빛과 물과 거름이 되어주신 ㈜ 동서식품에 진심으로 감사드리며 무궁한 발전을 기원합니다.
동참해 주신 문우 여러분들께도 감사드리며 문운이 함께 하길 바랍니다.

2018년 초여름에

축하드립니다.

동서식품(주) 대표이사 사장 이광복

동서문학 동인지의 14집 발간을 진심으로 축하 드립니다. 동서문학회는 1999년 동서문학 동인지를 창간한 이래, 참신하고 역량 있는 여성문인들의 다양한 작품들을 통해 작품 속 삶의 향기를 많은 이들과 나눠왔습니다. 이는 순수한 마음으로 문학을 사랑하시는 회원 여러분의 열정과 노력으로 일궈낸 성과라고 생각합니다.

동서문학회와 동서식품은 동서문학상을 통해 소중한 인연을 맺어왔습니다. 올해는 '삶의향기 동서문학상'이 30주년을 맞이한 해로, 감회가 더욱 새롭습니다. 제 14회 동서문학상의 공모가 5월부터 진행될 예정이오니 회원 여러분의 많은 관심과 성원 부탁드립니다.

동서문학 동인지의 14집 발간을 거듭 축하 드리며, 동서문학회의 발전과 성장을 위해 충실히 노력해 온 회원 분들의 열정과 노고에 진심으로 박수를 보냅니다. 앞으로도 동서식품은 여러분의 꿈과 함께하겠습니다.

감사합니다.

동서식품(주) 대표이사 사장 **이광복**

•목차

〈수필〉

〈동시〉

〈동화〉

〈소설〉

시

초록대문

박주영 usbjy@hanmail.net

복사꽃 피는 배경으로
자태를 뽐내던 시절도 있었다
웃자란 탱자나무 울타리
무관심했던 시간 말해 준다

과일 향기 너울대던 과수원
종종걸음으로 지켜주던 초록 통로
해마다 사랑으로 덧칠해 주던
아버지 흔적 삭아 버린 지 오래

작은 바람으로도 휘청거렸을 삶
삐거덕거리며 흐려져 가도
기억에 두지 않았다
무너져 바로 세우기 힘든 순간

기울대로 기울어진 파수꾼에
든든한 옆 기둥을 세우고
밀봉해둔 마음속 물감을 풀어
세밀화를 그리듯 겹겹이
면역의 옷을 입힌다

물의 노래

파문이 이는 호수를 클로즈업한다 렌즈 속 흔들리는 물살이 잠시 정지된다 세파와 맞선 멍 이마의 훈장 같은 물결은 소리를 낮추고 아직은 건재하다고 읊조린다

움푹움푹 파인 결마다 새겨진 문장 가만히 펼쳐 읽어보면 구절마다 노모의 고뇌 적혀있다 이제는 까맣게 내려놓고 싶었는지 아프다 노래하기 시작한 몸

흐르지 못하고 멈추어 있는 사랑병 앓고 있는 어머니 흩어진 기억 하나하나 맞추어주면 흐린 눈빛으로 아이처럼 웃는다
굴곡마다 상처투성이인 삶 가만히 안아본다

화려함 없이 흑백으로만 평생을 부딪치며 살아온 생, 물결이 아름다운 건 인내로 견디어온 아픔의 세월이 젖어 있기 때문이다
바람이 잦아지면 곧 고요 속에 편안해질 물

다시, 봄

윤은진 jiguinn@hanmail.net

떨어지는 나뭇잎을 잡으려고
아득한 꿈이
수천의 바람을 가르며
손끝을 따라 간다

허공을 흔드는
여리고 긴 숨소리
들숨 한 번에
가지 끝으로 물이 오른다
깨어난 꿈이
고단한 어제를 위로 한다

봄이
손바닥에서 꿈틀댄다

꽃무늬 계단

벚나무 한 그루 계단을 올라간다
아픈 다리 쉬엄쉬엄
급할 것도 없이
달 우물 머무는 언덕배기까지
별이 내려와 한 계단 키우고
달이 내려와 또 한 계단 키우면
벚나무는 오르고
벚꽃들은 하르르 쏟아진다

가지 끝엔
하늘로 통하는 길이 있어
연희 할머니
나뭇가지 타고 하늘로 올라가고
남겨 둔 마음 분홍 꽃잎들은
밟혀도 아플 일 없는
화석이 되어

가슴으로 밟아보는
요양원 가는 길

나이 때문에

한명숙 muskoog@hanmail.net

뼈를 삭이는 통증을 견디며
눈앞에 펼쳐진 풍광에 빠져들어
칼날 같은 능선을 겁 없이 올랐다

바위산을 만나고 헤어지며
순간순간 빨간 불이 켜졌지만
자신감은 정상을 향해
도전을 외쳤다

잘도 참아주더니 반기를 들었다
침묵하고 버틴 대가는 무거웠다
조절이 필요한 관계를 외면한 삶은
지독한 통증으로 얼룩졌다

수술실 문이 열렸다

화엄사

일주문 마주한 순간
금방이라도 날개 달고
날아오를 듯
말문이 막힌다

발길이 닿는 곳마다
느슨해진 생각도
희미한 기억도
톡톡 두드려 세워보고
신발 끈을 조여 본다

그래, 그래야지
누렇게 바랜 꿈도 펼치며
걸음마를 배우듯
천천히 시작하는 거다

살아가는 동안
스스로 태우지 못한다면
용기라도 내보자
꼭꼭 숨어버린 열정에
슬그머니 성냥불을 그어본다

동안거

김효정 qnskqnsk@hanmail.net

청계산 한 자락 휘어잡은
단풍나무 한 그루

온 세상 탐하듯
활활 타오르던 불길 발아래 내려놓고

가슴 깊숙이 화두 하나 품었다

하늘 향해 치켜 뜬 형형한 눈빛
하늘과 면벽面壁이라도 하는 걸까

세월의 갈피마다 감겨있는 위엄이 자라고
울룩불룩 고집스런 뿌리는
사색의 깊이가 깊어질수록 기운차게 뻗는다

우듬지엔 벌써 한 계절이 모여
연록의 부드러움
밀어낼 생각에 머리를 맞대고 있다

바다 한 장

갯바람은 바닷물 등 떠밀며 앞서가고
잔잔한 곡선의 행렬 서서히 뒤따른다
바닥이 드러난 갯벌 여기저기
참았던 입 벌린 구멍들이 제 속을 토해낸다

빨간 등대를 기점으로 떠난 배들
점. 점. 점. 찍으며
수평선 사이로 미끄러지듯 빠져나간다

바다는 한 장의 수채화
진회색 갯벌과 연회색 하늘을 바탕으로
미처 따라가지 못한 게으른 배 한 척과
포물선을 그리는 갈매기 한 쌍
무채색 바탕의 심심한 수채화에
생기를 덧칠하는 빨간 등대 하나

서서히 피어오르는 바다안개
수북수북 번져 수평선마저 지워버린다

바다와 하늘이 하나 되어 만든 공간에
갇혀버린 갈매기 한 쌍
소심하게 펼친 날개로 빙빙 돌며
바다 한 장에서 빠져나갈 곳 찾고 있다

빨간 등대가 제 식구 찾아 불 밝히면
바다 안개도 소리 없이 제 집으로 들어간다
만선의 배를 뒤에서 밀고 오는 갯바람에
술렁거리는 파도도 한 몫 거든다

시루 속 기다림

이진 l-s-j0812@hanmail.net

검은 장막을 걷자 수많은 입들이 소리친다
저요! 저요!
아우성치는 입술들이 스파크를 튕긴다
쑥! 쑥!
실팍한 목청들만 뽑혀나가고
노란 얼굴들 위로
한 바가지 냉수를 뒤집어 쓸 때마다
세상의 오선지에 한 음표로 얹히고 싶은
시루 속 빽빽한 꿈들
살 비린내로 허공을 떠돈다
아직 한 소절의 노래로도 엮이지 못해
맨발로 버텨온 날들
자꾸만 뒤처지는 삶
뽑히고 남겨진 자들의 목마른 대기실
둥근 시루 속엔
지친 기다림이 수북하다

달항아리

불의 혈통
이제 창백한 전설이 되어버렸나

열두 폭 소복 위로 쏟아지는
처연한 달빛

없는 듯 있는

비어서 아름다운
텅 빈 도량

속초 가는 길

이월순 sw2524@hanmail.net

야! 저 소나무 좀 봐
얼마나 멋있어

함박눈 오던 날
속초 가는 길

눈 덮인 산 소나무 위에
켜켜로 쌓인 눈

잎 떨어진 앙상한 나뭇가지
마치 독일 가로수의 안개꽃처럼
아름답고 신비한 속초 가는 길

벌름 벌름 입 벌리는 주문진 생선들
우리의 환호를 들었는지
자기들도 야! 저 함박눈 좀 봐

메뚜기 마빡

가을 황금들판에
메뚜기 뛰어놀 때
큰 메뚜기 작은 메뚜기 등에 업고
벼 포기 뒤에 숨어
날 보고 숨바꼭질한다

방금 전에 팔딱 뛰어 숨는 것을
나는 보았지
오른손 가만히 치켜들고
덮치려는 순간 메뚜기 마빡이
정면으로 내 시야에 들어온다

6. 25때 이북에서 피난 온 노총각
추억 속에 떠오른다
마빡 하면 통하던 노총각
그는 정말 메뚜기 마빡을 닮았다

이마가 넓고 경사져 반짝이더니
칠십이 훨씬 넘은 지금도
주름살 하나 없이 가을볕에
더 더욱 반짝이는 메뚜기 마빡

시베리아 판타지 10

– 타이가 숲에 들다

정숙 ultary5@hanmail.net

침엽수림이 울창한 극동 시베리아 변방
문명을 거부하고 자연에만 기대서
살아가는 에벤키족 그들은
이끼를 먹는 순록을 키우며 산다
절반이 겨울인 탓에
먹잇감이 자라는 주기가 삼십 년 이라니
순록을 몰아 반평생을 넘기고 서야
제자리로 돌아오는 지구의 떠돌이 별이다
그들은 유목의 삶을 축복으로 받아들인다

인간 백세 시대
체크 받아야 존재하는 일상
오늘도 다박다박 날아드는 검진통지서
전 국민이 환자인 나라
그 누구도 공짜로 늙지는 않는다
엄살을 부추기느니 차라리

삶과 정면으로 맞서
진득하게 살아가는 보통사람들의
깊고 따뜻한 시선이 그립다

에벤키족은 스스로 별이 되는 때를 헤아려
바람처럼 이슬처럼 한 줌 햇살을 머금고
밤을 기다려 우주의 진짜 별이 되기 위해
타이가 숲으로 든다

홀로 걷고 또 걸어서 소실점에 이르기 까지
상여도 상주도 노잣돈도 없이.

糞에 대한 변론

밥이 쌀米이 되기 위해 잠시
밭田으로 나갔다 돌아오면
매 한가지共로 밥이 되고
다시 분糞이 되고 또 밥이 되는 거지

여름내 텃밭에서 풀만 뜯다가
거룩한 만찬에 초대되어 육식을 취하니
쓸데없이 질긴 잔향만 구리다

팍팍한 세상 물컹하게 살아온 덕에
시큼털털한 내 인생의 바이오리듬
아직은 순환계가 양호한 편이다

먹고 싸는 일이 다반사인 일상
아직까지 이행하지 못한 나의 디폴트는
지금 얼마나 될까 내가 잊고 있는 사이
장속에서 독을 품고 있지나 않을까

똥, 취한 만큼 내어주는 착한 계산서이지
인생의 끝물도 이런 것일 게다
그 糞은 죄가 없다.

얼레지

정영미 jymsong@hanmail.net

언 땅에 맨발로 서 있다
누군가 내 이름을 부르며 회오리바람처럼
지나가자 더운 심장 속에서
그가 똬리를 틀었다
행간의 깊은 우물 속
낯선 길 하나가 유품처럼 새겨지고
몇 해가 지나도록
핏빛 무늬로 얼룩진 폐허의 더미 속,
밤마다 하늘 한 모퉁이로 달려가
계절마다 그를 묻었다
온통 별 무덤이었다
가슴 저 밑바닥을 흐르는
계곡을 달리는 말발굽 소리
고향 산에 들면
아버지의 심장소리 들린다
생의 지축이 흔들린다.

그녀 가레즈*를 통과하고 있어요

H병원 한방생기능의학실 203호,
방금 타클라마칸을 건너온
태양과 바람의 숨결을 가진 여자,
예고 없이 다가온 뜨거운 기류에
증발해버릴 것 같은 신기루 같은 여자,
만년설을 건너온 흰색 가운의 남자가
와르르 쏟아질 것만 같은 여자의 맥을 짚는다
사막 한 가운데 심장소리 들린다
여자는 책상 위의 의학사전 09학번 박00와 가운의 박00를 맞춰보다가
흠칫 남자의 짙은 눈썹과 헝클어진 흰 머리카락 몇 올을
오랜 향기로 끌어온다
등을 굽혔다 펴는 남자의 몸에서
물결무늬 바람의 신호를 읽는다
여자는 모래가 수북한 신발을 벗고
구멍 뚫린 침대에 눕는다 구멍은

*트루판들이 사막의 극심한 물 증발을 막기 위해 고안한 지하수로

여자가 소통할 수 있는 유일한 통로다
머리끝부터 발끝까지 시추하는 무덤 속,
혈이 뚫리면 갈라진 틈새로
화르르 사막 꽃 핀다.

'돼지바'와 선악과

정민아 breadmina@hanmail.net

신비한 나무 같은 뼈마디를 훑어 올라가면
갈비뼈 어디쯤인가 따뜻한 열매 하나
팔딱팔딱 붉은빛이 신선하기도 해라

선악과가 무슨 과일이냐고
사람마다 묻더이다
나는 생각하기에 선악과는 사과도 아니고 무화과도 아닌
살아서 펄떡대는 심장이라 생각합니다만

어린 열 살, 동네 구멍가게에서
200원짜리 돼지바 세 개를 400원만 주고 꺼내왔을 때
나는 여름이 지나도록 가슴속 쿵쾅이는
선악과의 비명 소릴 들었지요
양심의 소리가 끊임없이 피돌기를 하였고
부끄러움을 알게 되었습니다만

가게 안으로 200원을 몰래 밀어 넣고
동전 냄새 밴 끈적한 땀을 바지 주머니에 닦으며
집으로 달음박질쳐 돌아왔어도
나는 여전히 오래전 그날의 꿈을 꾸지요

태초에 아담과 하와가 먹어버린 선악과는
인간의 갈비뼈 안쪽에서 익어가며
인류 대대로 전해지고 있다, 그렇게 믿고 있습니다만.

나의 잠, 은

더러는 애쓰지 않은 날도 있었지만
나의 잠은
성질머리가 고약해
부드러이 얼러주지 않으면
사랑 앓는 그이처럼 예민해져선
가시 돋친 눈꺼풀로 밤을 밀어내곤 해

기억하니,
여전히 나를 기억하니

달빛은 기다란 손가락
나를 쿡쿡 찌른다

한 덩어리의 잠
그 속에서 나는 마침내 타인이야
기억에 없는 시간들과 만난 적 없는 인연을
불러 세우는 나는 자유야

꾸덕하게 말린 잠을
펴고 누우면

봄비는 잠들지 않았다

조수선 suny4616@hanmail.net

그날 밤 봄비는 자지 않았다
설레임으로 잔뜩 부푼
흙의 품 속으로 들어가
어루만지고
다독이며
풀뿌리에서부터
나무뿌리에 이르기까지
새로운 숨을 불어넣었다

새벽녘 봄비가 주고 간
햇살 가득한 아침

봄을 잉태한 신비스런 흙궁에는
새 생명들이 꿈틀 꿈틀
눈을 뜨기 시작했다
양지바른 언덕마다

나뭇가지마다
파릇파릇 새순이 돋아 나왔다

나 홀로 밥상

조물조물 나물 무쳐 얹고
노릇노릇 고등어 구워 올렸네

식구 없는 단출한 밥상
복잡한 사거리 교차로에서
젓가락 숟가락 서로 부딪칠 일도 없고
누가 많이 먹나 눈치 볼일도 없네

서로 눈 흘기며
하루에 수백번을 싸우고
식은 찬밥 덩이를 먹어도
어린 시절
식구들 모여 북적이던
그때가 참 그립다

보고싶은 어머니 아버지

사슴의 뿔

채미자 elkfarm2002@hanmail.net

사슴이 운다. 목을 길게 빼고 턱을 쳐든 채
최대한 크게 암사슴을 부르는 소리
고요를 깨고
산자락에 얹힌 바람의 심장에 꽂힌다

봄빛이 말갛게 돋아나
단단해지면서 별자리처럼 자라난 뿔, 몰캉한 하늘에서 별이 빛난다
절정으로 치달은 꼿꼿한 왕관
암컷이 모여든다

사내가 자르고 있는 것은 의무
자존뿌리까지 잘려나갈 것이라는 걸
사내는 안다
고통이 흘러내린다 허공을 들이받는다
들이 받는다 없는 뿔로
바람이 혓바닥으로 부드럽게 핥는다

허공에 뿔의 문향이 있다는 것을 안다 사내는
다 내준 자에 슬픔이 낭자하다는 것도

슬픔은 한동안 사육장 구석에 틀어박혀 나오지 않을 것이다

울음이 아물지 않은 시간 속에서 비린내가 나곤 했다

이사

방 안쪽까지
산은 이미 들어와 있다
싱그러운 나무들
다래머루가 지천이다
등마루를 탄다
맨바닥 전율이 머리끝까지 전해진다
사방의 숨소리가 하나로 모아지고
얼굴에선 안개가 피어오른다
나무 곁에 누워
새소리 덮어 볼까
이따금 나는 물소리는
귀 어두워지지 말라고
귓바퀴를 씻는다
바람의 피부가 부드럽게 와 닿는다
걸치고 있던 산소를 벗고
초근목피와 하나가 된다

가볍다 유쾌하다
나는 죽어서
처음으로
제대로 살아났다

명동 별곡

홍숙영 oh50012@naver.com

명동에서 우연히 내 애인을 만났어
그의 옆에 화사한 여인이 있었지
그녀의 한 손은
내가 선물한 버버리 외투 속에서
쉴 새 없이 꼼지락거렸어
가늘고 긴 손가락에선 빨간 루비가
앙증맞게 반짝이고

애인은 나를 친구 동생이라고 말했지
그녀의 고집으로 동행한 레스토랑
그녀는 비싼 랍스타를 거침없이 주문했고
레드 와인 온도를 말하며
소나기처럼 시원하게 웃었어

점점 불안해지는 그의 눈빛과 상관없이
그녀 눈동자는 나비처럼 날아

앞에 앉은 여인의 에르메스 가방에 꽂혔어
샤넬의 핑크빛 트위트 자켓을 걸친 그녀
지금이 마냥 즐거운 저 여인

난, 둘을 번갈아보며 끝까지 앉아 있었어

방아쇠수지증후군

마치 꺽기 놀이를 하는 것처럼
마디마디 딸깍거리며
잘 구부러지지 않는 손가락
한껏 달아오르던 높은음자리표를 낮추고
쉴 곳을 찾아 기웃거리다
순간적으로 통증을 선사한다.
출렁이던 소리들이 멈춘 공간 속
아쉬운 등짝 보이고 창가를 향해 서 있는 기타
침묵하는 줄에 배어 한판씩 놀던 선율들이
소리를 잃을까 두렵다

알고 있니?
한동안
나, 귀를 닫고
눈으로 너를 들을거야

나도 나를 사랑할거야

그가 물건으로

박인숙 amado2020@hanmail.net

물건이 그를 나른다
물건은 주소를 적시하여 그를 부린다
온종일 그를 몰아세운다
그래도 사람들은 그를 물건으로 기억하지는 않는다
어떤이는 건네는 손으로
어떤이는 돌아서는 등으로 기억한다
그의 등 뒤로 멀어지는 발검음 소리가 매달리고
전세방을 헐어 산 1톤 포터가 시동을 건다
정해진 구역만 맴도는 그는 비둘기의 습성을 가진 사람
그의 눈을 기억하는 사람은 드물다
678-3 번지 지층 1호에서
불법 증축물인 다세대 주택 옥탑방까지
주인이 있는 곳이면 어디든 날아간다
집들의 그림자가 저녁 기슭에 어깨를 기대면
그는 귀소 본능에 시달린다
건 당 수수료 800원을 지푸라기인 양 건건이 모아 물고
보증금 2000만원 월 40만원의 월세방에 물건처럼 놓인다

그에게 밥을 먹이고
그를 쉬게 해주는 물건이 사라지자
그는 그를 물건으로 기억하기 시작한다

詩詩한 섹스

네가 나의 목을 조른다
보일 듯 말 듯한 너의 실루엣에 침을 삼키며
나는 너의 허리를 끌어당긴다
오늘은 네가 죽든, 내가 죽든
나는 너의 상징을 찾으러
둥그런 유방을 어루만진다
꼿꼿한 유두를 핥는다
나는 너를 만족시키려 안달한다
정성스런 애무에도 꿈쩍하지 않는 너
어쩌란 말이야
나는 너의 가랑이를 찢어 버리고 싶다
잠시 너의 요염한 실루엣 위에 걸터앉아 행간을 둔다
다시 너에게 달려든다
나의 혀는 섬세한 붓처럼 너의 혀를 굴린다
체위를 바꿔가며 너를 안는다
있는 힘껏 너의 안으로 들어간다

너의 안은 미로謎路
금방 길을 잃고 만다
제기랄
나는 손톱을 세워
아직 만들어지지 않은 너의 얼굴을 할퀸다
너의 얼굴에 핏자국이 번진다
피를 흘리며 너는 울고 있다

새해는 키보드의 속주처럼

이타린 flute5331@hanmail.net

나선형 음계로 왔다
가까이 있는 등 뒤의 이름,
총명하고 다정한 고모처럼 왔다
끼니는 걸렀어도 한 번도 거르지 않던 새해

몇몇 행성들은 이방인처럼 설렜고
비행기가 미자르별처럼
깨알 같은 지문을 남기며 날아갔다
잠깐 손에서 놓아버린 누드톤의 기억들이
초승달 뒤에서 쏟아져 내렸는데
파장은 생각보다 멀고 짐작보다 훨씬 컸다

어느 별이 베물었다 놓은 걸까,
애착으로 눌어붙은 익숙한 문장들이
날카롭게 갈라진 달의 경계에
늦은 울음으로 내걸렸다

14시간 26분
참 오래 어두웠던 동지의 밤, 을 지나
온기 가득한 팽창으로
키보드를 누르는 정월 초하루
한 번도 연락 안 한 전화번호를 결국
지우지도 못한 이유처럼 헌정 메시지들이
원시의 음계로 무늬를 그렸다

희끗, 오래된 유행가 한 소절도
새것으로 살아나는 시간
또 다른 미래를 향한 고요한 스밈으로
흡음판에 관한 필연성은
목청껏 주장하지 않아도 될 듯한 새해,
키보드의 속주처럼 왔다

바닥 분수를 지나다

이곳에서는 어른과 아이의 구분이 확실하게 선을 긋는다
아직 오지 않은 바닥, 혹은 발이 시렸던 열여섯 살의 평면들
낮은 곳에서 일렁이던 저만의 언어가 새하얀 물꽃으로 피어오른다

표피층이 없는 물의 선은 사소한 규율에 얽매이지 않는다
한껏 뿜어내다가 이내 굽힐 줄 알아
바닥과 허공을 동시에 장악하는 물의 공명,
그대로의 습관처럼 암벽이 되고 싶지만
언젠가는 굽힐 수직이기에 아이처럼 대해 줄 것을

바닥을 향한 시선들은 모두 비움에 몰두 중이다
한껏 솟아오른 후 곤두박질치는 오뉴월 염천이 제 몸의 안과 밖,
위로만 치솟던 시간을 한숨 내려놓는 오후

상승과 하강이 건네주는 떠들썩한 소음은
비로소 계기판 눈금처럼 잦아들어 지난날의 지도를 헐어내고 있다

수평이어야만 공존할 수 있는 물의 매듭 사이로
솟구치는 포말이 썰물 같은 회고록을 쓴다
수평투영면적이 쥘부채처럼 점점 홀쭉해지며
한 가름으로 나뉘는, 오직 흔적에만 몰두하는 바닥

GPS

최미향 sprit-104@hanmail.net

휴지조각, 물고기, 또는
버려진 혀
가면을 쓰고 액정위에서
전송되는 3시

나는 다이어리에서 도망자가 되고
그녀는 추적자에서 침입자가 되고

종이컵, 갇힌 10시
그녀는 꽃병에서 연기가 되고
나는 USB가 되고
볼륨을 켠 휴대폰은 가라앉고
나는 마우스를 태우고

그녀는 그림자에서 길이 되고

혀, 물고기, 또는 버려진 휴지조각,
복면을 쓰고
구름에서 GPS가 되고
나는 창틀이 되고

수련

그곳에 간다
흔들리는 풀잎을 건너
거품이 차오른다 안개를 안고 간다 노래는
깨지는 아침 햇살처럼 왔다
수근거림을 듣는다 발이 빠져들고 가라앉는다
문으로부터 오래된 말들이
신발을 벗어놓고
나는 건너간다 스며들지 않는 곳으로
쏟아지는 눈물, 구름을 건너
객석에서 여행자가 되어

사연은 떠다니기를 좋아했다
어느 곳에도 속하지 않는 입구를 걸어
거울이 된
새벽별이 쏟아지고
느린걸음이 계속되었다

차오르던 표정이 물위에 눕는다

게임

한명희 myung4826@hanmail.net

휘청,
신부가 중심을 잃자 순간
잽싸게 신랑이 부축한다
자신의 날개 드레스 자락을 밟아버린 그녀
당황한 하이힐이 그의 발등을 찍었다
외발뛰기 하는 신랑의 어리광스러운 모습에
하객들 웃음이 축포 터지듯 넘쳐난다
뒤뚱뒤뚱 홍당무가 된 신랑 신부
첫걸음이 위태롭다

주례 앞에 떨고 있는 두 사람
결혼이란 시소게임
첫 단추부터 반경을 벗어날 수 없으며
일생 기울기와 엇박자를 놓을 것이다
한번 시작된 게임은 쉽게 멈출 수 없다
지루한 주례사가 끝나고 웨딩마치가 울리자

승부 없는 높이뛰기가 시작되고
이미 게임에 빠져든 두 사람
시소가 움직이기 시작한다

우기

머리맡에 약봉지가 수북이 쌓이고
불도 켜지 않은 채
어둠 속에 앉아있던
어머니
비 오고 구름 끼는 밤이면
아려오는 통증 진통제에 맡겨두고
낙수소리만 세고 있는 밤
낮은 호흡으로 신음하던 무릎에
내 무릎을 대어본다
통증을 거두어간 자리에 내가 누워있다

발견 혹은 발굴

홍성남 ring0327@hanmail.net

대물렌즈 속에 신발 한 켤레가 오도카니 놓여있다
페인트칠이 덕지덕지 묻은
작업화 속으로 의뭉스런 햇빛이 한껏 발을 뻗는다
그 어떤 무게도 받아들이지 않는다
입을 꽉 다문 채 생을 고스란히 발설 중이다
줌으로 한 발 더 가까이 당겨 보면
연장으로 찍히고 밟힌 흔적이 깊다
내내 오롯이 살붙이였을 것이다
눈동자 안쪽까지 남자의 울음소리가 스밀듯하고
취한 모습으로 비틀거렸던 길이 아득하다
외줄을 타고 색을 덧입힐 때
신발은 허공과 무슨 대화를 나누었을까
꿈에 그린, 그곳에선 꿈꾼 적 없고
휴먼시아에선 인간적으로 대우받은 적 없으니
공중누각을 저 혼자 설계했을 거다
촘촘하게 박음질 된 길을 따라

개미 한 마리가 그늘을 물고 기어 나온다.

족문足文의 기억이 아직도 잠자고 있었을까

쓸쓸한 뒤축이 자꾸 가려워

셔터를 누른다

아버지가 까맣게 사라진다

맹금숙씨 체류기

가리봉 시장 샛길로 이어진 골목은 금숙씨가 붙들린 덫이다 미끌거리는 시간을 토막 내고 있다 잘려나간 단면을 본다 피가 없다 금숙씨가 이십 년 동안 가졌던 저녁 풍경을 여러 부위로 나누면 저런 태도일 거다 도마는 잘도 버텨왔다 수만 번 칼날을 받아내고도 우두커니가 아닌 적 없다

허기와 멸시를 도려내듯 가시를 발라낸다 재빨리 가시는 몸뚱이를 버린다 모든 걸 체념한 듯 눈을 감고 누워 있는 생선, 너·무·멀·리·왔·다 부풀어 오른 부피는 살아온 이력을 버리고 화덕위에 지글지글, 오늘의 시간을 태운다 반상에 오르기 위해 온몸을 버리는 저 연기력

닦고 또 닦는다 새카맣게 탄 맨살을 씻어낸다 그러나 아무리 석쇠를 닦아도 안쪽에 달라붙은 생각들은 지울 수 없다 머릿속이 온통 질어진 구정물 속이다 그 어떤 것도 살 수 없는 삼급수다 잔반통 속에서 개미 한 마리 가시를 타고 올라오다 미끄러져 다시 수렁으로 빠져든다

자꾸 파닥일수록 점성은 그녀에게 집요하게 더 찐득하게 달라붙는다 아무리 뛰어도 이 골목을 벗어날 수 없듯이, 가시를 자세히 보면 날개를 닮았다 그녀는 오래전부터 그것을 알고도 모른척했다

정점을 벗다

이숙희 silverbrich@hanmail.net

금정산 초입에서 산꼭대기 올려보니
산등성이 기어오르던 황토 용 한 마리
산길을 따라 악보에 맞춘 몸 시늉이
낙동강 하구를 바라보며 너볏 서있다

세월 갑옷 벗어놓고 지휘소를 빠져나와
산정을 즐기는 퇴역장군의 하루가 유유하다
성벽 위 담쟁이는 종종걸음 바쁜 하루일터인데
가다 쉬다 성곽 따라 한나절 산길 위에 노닌다

새울이 맑은 물을 끌어당겨 해의 목을 축이고
안개는 내려와 사뿐사뿐 산맥을 짚는데
옥탑방에는 천구만별 전설의 할머니가 살고
산객이 끊이지 않는 금정산성 들머리 길엔
치유의 숲 따라 갈대들도 머리를 숙인다

저 아래 산자락 끝에는 며느리 같은 가을이 오고
청련암 불상들 바람벽에 붙어서 허공마다 예불인데
황금빛으로 내려앉은 햇살이 정 위로 나래 친다
용등에 올라탄 가을단풍이 고성불패 함성을 지르고
금정의 마르지 않는 물빛 도심으로 격하다

슈퍼문은 무한 대기중

새벽 두 시, 산부인과 분만 대기실
산비둘기 하나가 몸을 웅크린 채 꾹국꾹국
산통은 점점 강해져 자궁목이 붉게 피어오를 때
시간의 궤를 넘어 가까이 다가 온 달의 발자국 소리
자, 큰 숨 한번 쉬고 진통이 오면 꾹 힘을 주세요!
진통과 가진통 사이 꾹국꾹국 신음하는 산비둘기

열두 살 되던 해, 앵두꽃도 다 질 무렵
삿갓만한 다랑논배미 아래 납작 엎드려 밤은 오고
술 취한 아버지 곁에 들락날락 잠 못 드는 장지문과
닷 마지기 보 웅덩이가 울렁울렁 제 가슴 흔들어댈 때
앞산 어디쯤 산비둘기가 밤새 울어댔지
어메, 산비둘기가 새끼 낳는 갑네 꾹국꾹국,
물거울에 비친 밤이 힘겹게 지나갔지

대기실 침대에 누운 그날 밤 산비둘기
둥근 배를 움켜쥐고 꾹국꾹국 소리를 짓네
앞 산 소나무 숲은 새 손맞이에 바쁜 몸짓
실핏줄 터진 하늘이 붉으락푸르락 요란했지
아이의 울음소리 창공을 찢고 나오면
우렁찬 밤이 그 날처럼 울컥울컥 넘어가네

홍 어

조계향 ricegimchi@hanmail.net

사람들 북적이는 어물전에서
문득 너를 보았다.

시간 지나면 썩어

문드러지나 했는데
코끝을 톡 쏘며 숨쉬기 거북스레
풍겨나는 삭은 내
두고 둘수록 삭고 또 삭아
어슷어슷 포 떠져
가슴을 저미는
이 삶의 고독

그래, 바로 너로구나

오늘도 막걸리 한 사발에
너를 벗한다.

여름에 내리는 눈

세상의 이름을
깨니
두껍던 번뇌도
깨진다

밖에는
나비처럼 하얀 눈
사뿐사뿐
내리는데

낡은 흑백필름 속
흐릿한 영상들
쏜살같이 스쳐 지나고
꼭 움켜쥔 집착의 끈
잘디잘게 부서져
하얀 눈 속으로
날아간다.

뜨거운 한여름
내리는 눈
나비 떼가
난다. 난다

어린 낙타가 도시에 산다

김은미 kimyu66@daum.net

제 몸에 파고든 젖내가
시간을 견디는 힘이었을까

뒤따르던 사막 위의 발자국은 사라지고
홀로 남은 낙타의 울음이
재깍재깍 흘러나온다

잘게 부서지는
유리성에 갇힌 3분의 울음
모래의 시간을 뒤집으면 따가운 햇살이 쏟아진다

짐을 싣고 떠난 어미
지금 어디를 헤매고 있을까
온종일 모래밭을 서성여도
함께 걷던 그 길은 보이지 않는데

수건을 뒤집어 쓴 사거리 찜질방
사막에 지친, 몸이 무거운 사람들이
호흡을 참는다

홀로 어미를 기다리며
어린 낙타가
부서진 모래성을 다시 쌓는 동안

솜사탕

혀끝에 닿는 당신의 말
입안에서 살살 피어난다

훅 불면 날아갈 것 같은 꽃잎을 달고
한껏 부풀려진 귀가 솔깃한다

막대 하나 꽂아 놓고
우린 둘이 아닌 하나라는 고백에
의심은 가벼워지고 단맛은 빠르게 중독된다

회오리 속으로 빨려드는 밀어들
뜬구름을 잡는 이곳은
무수한 바람을 모의하는 공간

술술 풀려나오는 달콤한 속삭임에
하얗게 핀 단물을 빨아들인다

그가 꺼낸 모든 말들을 음미하며
단꿈에 젖는 사이
시간이 사탕처럼 굴러간다

미처 감추지 못한 너의 가벼움에
빠르게 녹아버리는 감언들

스치고 지나간 짜릿한 흔적이
손안에 끈적끈적하다

돌을 웃기다

성영희 dudgml@hanmail.net

웃음 한번 웃는데 천년이 걸리는 얼굴을 보았어요

오래전 사람들은 저 웃음을 화난 얼굴로 기억 하겠지요 이끼를 아시나요 투박한 표정 하나 웃게 하려고 정 붙일 데 없는 돌을 기어오르는 녹음의 손가락들, 눈비바람별 온갖 꽃들이 살랑거린다 한들 손가락 간지럼만 할까요 석상 발끝에서 생겨 몇백 년씩 기어오르는 이끼가 아니었다면 어떻게 돌이 웃을 생각을 다 했겠어요 그저 스쳐 지나는 것들에게 공을 돌리기엔 돌의 미소가 참 묵직하지 않나요

이쯤이면 저도 표정을 바꿔야 한다고 생각하지 않았을까요 오래 지키면 부릅뜬 마음도 가물가물 사라지고 말까 봐 돌부처도 살살 발가락을 움직였을 거예요

내 얼굴에는 얼마의 시간이 살고 있는 것일까요 어느 간지럼을 출발해서 지금 막 도착해 있는 웃음 하나, 생각해보면 오래전에

잃어버린 나의 다른 이름은 아닐는지 돌아갈 궤도를 생각하면 표정 하나도 함부로 고쳐 짓지 말아야 해요

양지바른 무덤 옆에 햇살 찡그리듯 웃고 있는 석상이 있어요 몸이 무덤인지 무덤이 몸인지 한자리에서 천 년, 자심慈心이 흘러 눈꼬리가 흐릿해요

춤

땅도 오래되면 춤추듯 출렁거린다
그 옛날 바람이거나 파도였던 곳,
억겁의 시간을 견디고 나니
춤 출 일만 남았다는 듯
그 위에 핀 풀들도 흔들린다
내놓고 추기가 부끄러워서
지층 깊숙이 출렁이는 형상들을 밀어 넣고
가로의 춤만 꺼내 흔든다

태고로부터 쌓아온 바람과 파도와 자갈들의 말
행간 어디쯤에서 한 호흡 쉬어야겠다는 듯
休, 휘어진 층리
그 틈을 빌려 꽃이 핀다

춤추는 땅,
지층 사이사이에 몇 천 년이 들어있다

몇 천 년이란 저렇게 얇거나 출렁이는 것이어서
오랜 시간이 눌러 놓았을 바람의 연대를
절벽마다 융기마다 우뚝 내거는 것이다
그러고 보면
지층은 바람이 낳은 거대한 생산물이므로
땅도 이따금 덩실 춤추는 것이 아닐까

춤추다 굳은 땅은
퇴적도 곡선이다

빈 목간木簡을 읽다

최분임 choi-bunim@daum.net

도토리 몇 알이 칭얼대는 허기를
달래기도 전 보름달이 도착했네요
채집의 종족에게 식욕은
말린 생선 비린내에도 체면을 차리지 않죠
언제 돌아올지 모르는 끼니를 기다리며
생선뼈로 저녁을 불다 지친 아이들
여러 차례 달이 흘리는 육즙을 기웃거릴 때
당신을 마중 나간 길은 금세 어두워지죠
그림자로 일렁이던 당신이 영원이 되기까지
따로 내 영혼은 자라지 않았죠
주인 잃은 돌베개가 웅크린 짐승을 닮아가는 밤
당신의 팔베개에서 식은 잠이 갈비뼈 한 귀퉁이를 뒤적여
사그라진 불씨, 당신을 이룩하네요
식은 것은 뜨거웠던 것의 표정이라고 말한 게
둥근 당신이었나요, 날카로운 나였나요
토기를 빚던 손을 빌린 나무둥치가

수신인 당신의 눈 코 입을 묻네요
빗살무늬 캐던 동물 뼈는 잠의 미간처럼 생각이 많아
기다림을 새기기 적당하죠
좀처럼 속내 드러내지 않는 보름달이
당신에게 대신 전할 목간木簡을 읽기 위해
더 밝은 높이에 눈동자를 띄우네요
산길을 향해 구부정하게 걷는 달빛
반짝, 허리가 펴지네요
거미줄처럼 널린 감정들이 강물의 명경明鏡 속
뾰족한 빗살무늬로 비칠까 옹이는 지우고
새순처럼 돋아날 나를 고르고 고르죠
달빛이 나를 다 읽었다는 듯이
끊기고 번진 그림문자들
새벽빛으로 고쳐 멀어질 때까지

맨드라미

담벼락에 줄지어 선 입술들이
화농처럼 들뜰 때
변변한 몸뚱이도 없이 잠시
사창가 어느 골목이 펼쳐지고 있다

골목에 기댄 사연들 한 계절 반짝 피는데
평생의 핏빛을 다 쓰는지 하나같이 붉디붉다

낮은 키가 건네는 앳된 추파
너를 맞닥뜨린 시간을 마구 휘저어 놓는다
손가락질이 포함된 붉은 조명이
네 속살보다 먼저 신파 같은 웃음을 터뜨린다

삶은 때로 맨몸을 해석하고 남겨진 화대 같은 것
세상 어디에나 있을 손때 같은 것
허둥대며 돌아서는 혀에 오톨도톨 돋아난 혓바늘 무성하다
등 뒤 깔깔거리는 네 위악의 배웅이 검붉다

정수리 구불구불한 역마살이
마지막 자존심처럼 치켜든 볏의 자세
바닥나는 순간까지
꽃의 형량을 살고 있는 너

가까스로 골목의 혈색으로 팔리고 있다

볼트와 너트

박경자 cp1005@hanmail.net

식탁 위 전구가 나갔다
의자를 끌어당긴다
불편한 다리가 올라가다가 내려온다
나사를 풀어야 한다
드라이버는 어디 있는 거야
이리저리 찾다가 할멈을 부른다
다시 의자를 당긴다
기우뚱, 머리가 치켜 들렸다가 돌아온다
방금 끼었던 돋보기는 어디 갔지
다시 할멈을 부른다
이리저리 찾는다
돋보기는 손에 있다
식탁이 밝아진다
지팡이를 의지한 다리가 내려온다
풀어진 나사를 조여야 하는 할멈이 옆에 있다

여왕벌

주로 떼로 몰려다니며
엉덩이가 무거운 그녀들
처진 눈꺼풀을 올렸다느니
새로 나온 보톡스는 시간을 거꾸로 돌린다느니
소문난 상차림의 한정식 집 점심시간
벌들이 앵앵거린다
마스카라를 추켜세운 눈꺼풀 짙은 여자가
시간을 돌려놓은 여자의 가방을 요리조리 뜯어보고 있다
상 위에는 꿀벌들의 수다가 차려지고
꽃을 보고 달려들 듯 명품관을 순례했을 그녀들
더는 나이를 숨길 수 없는 목청이 튀어나오고
눈앞의 서로에게 더듬이를 뻗는다
날지도 못할 날개옷을 자랑하고
가끔은 침도 세우고
들고 나온 가방을 비교하느라 정신없는
저 여왕벌 !

가방 속 깊숙이 독한 침을 숨겼다가
퇴직한 일벌에게 쏘아대려는 건 아닌지
나도 한번쯤 쏘아댔을
일벌에게로 향한 가소로운 독침
스스로는 한 번도 왕관을 써보지 못한 그녀들

옥탑방

박선희 halang0130@hanmail.net

오를 공간이 있으면 다 그의 칸이다. 모서리 감춘 책이 벽을 오르고 창가 잎들은 태연한 척 책을 넘겨다본다. 바람은 가끔 바닥을 핥는다. 오늘을 받치고 서 있는 책장의 몸통이 칸 이라는 걸 알기까지 오랜 세월이 필요했듯 잎 앞에 올려 둘 칸이 내겐 없다. 통유리 칸이거나 책갈피에 들지 못한 칸들은 모서리가 유일무이한 칸이다. 벽면이 통째 유리인 칸이 나를 유령처럼 가두는 새벽, 창문을 연다. 절반의 어둠은 천정에 박쥐처럼 매달려 있다. 켜둔 미등은 책상 위를 비추고, 어둠 속 마주친 잎의 시선이 책장을 넘긴다. 내 반쪽을 잘라내고도 없던 칸이 허공에는 이토록 나분분했나. 너와 내가 고개 들어 토해놓은 허공에는 공복의 씨앗들이 틔울 촉을 들고 서성댄다. 달을 읽다 유성까지 샅샅이 뒤져 읽고는 칸도 칸이 없어 칸에 들고 싶은 내 몸의 서랍을 구름으로 당긴다

맨드라미

꿈 많은 내게 뿌리의 지난 노고는
캉캉을 입고 추는 춤이다
장난감 로봇 만들다, 기차가 지나가고
비행기가 지나가고, 내가 타야할 버스는
푹푹 함박눈 밟고 오면 좋겠다
원숭이 목도리 두르고 옮기는 스텝
겹치지 않는 보폭으로 마른 꽃대 걷어차고 싶다
바람결 익히려고 속지를 매번 매달아야 하는
캉캉은, 허리부터 고무줄이 아니면 안 되었으니까
캉캉 치마에 호크가 달린 걸 본 적 없어
타오르는 해에게 고개를 재바르게 돌린다
머리부터 발끝까지 붉던 내 안의 검은 싸락눈은
오늘도 캉캉이다
고택의 화단 표정을 따라짓는다
꽃이 되려고 캉캉을 포갠 치마 속에는
관冠같은 울음이 가득 핀다

게발선인장

정경용 jsibs@naver.com

나도 저렇게 울어본 적 있다
밤새 쓴 편지는
푸른 날갯짓으로 은빛 햇살 속을 날아갔다가
붉은 마음을 열지 못하고 반송되었다
모래바람은 직진으로 불었지만
어긋난 발걸음은 서걱거렸다
얼마나 걸어야 발끝에 꽃을 피울까
발발거리고 쏘다니더니
방문 걸어 잠그고 왜 청승을 떠냐구?
문을 두드리는 다그침에 더 눈물이 났다
얘가 사춘기가 왔나?
나비 꿈을 꿀 때는 꽃망울에 나를 가두었지,
어머니 입가에 번지던 첫눈 같은 미소
볼록렌즈가 되어 세상이 얼비쳤다
마디마디 끊어지던 말에 뿌리가 내렸다
헝클어진 사랑은 가슴께서 퍼즐처럼 갈라져 길이 되고

사막을 건너온 황사바람에 눈을 비볐다
아랫배에 뭉친 꽃빛 통증, 부르튼 발, 발
울음 끝에 조롱조롱 매달린 꽃망울 빨갛게 부풀어 만발했다

순환선

이 계절부터는 당신을 그냥 지나친다 지금 안내 모니터는 오작동 중이다 애초에 종착역은 있었을까 없었을까 시작이 끝이고 끝이 시작인 이야기 속에서 당신은 여전히 빠르고 나는 여전히 느리다

발단 전개 위기 절정 결말 중 어느 대목에서 환승을 감행했어야 했을까 캄캄한 머릿속을 질주하다 멈칫하는 위기와 절정은 싱겁다

지상은 우기의 계절이다 젖은 속눈썹을 껌뻑이며 당신은 내가 모르는 어떤 결말을 쓰고 있지 않을까? 다만 건조해지고 싶은 내게는 우산이 없고 발단은 나와 당신 사이 어긋난 환승역이다

당신을 싣고 떠나가는 차창에 퍼덕이는 편린들은 사선으로 추락하는 빗줄기다 계절의 시차와 상관없이 열차는 선로를 이탈하지 않을 뿐이고 모든 예감은 형식적이다 역주행의 모험도 순환의 범주를 벗어나지 못한다면 아~ 이제 내려서고 싶은데, 이별은 의도한 역설일지 모른다 구성에 없는 마지막 인사를 끝끝내 각색하지 못했는데 함부로 결단을 내리면 위험하다 그냥 지나친다

평화의 배후

정연희 100ljy@hanmail.net

액자는 못 하나에 걸린 중심이다
그 못이 헐렁해지면 액자가 기울었다

평형을 잃고 기우는 것들
꽃과 나무 구름이 액자 밖으로 흘러내릴 것 같다
못을 찾아들고 *토르가 되어 묄니르를 휘두른다
콘크리트 벽에 불꽃이 일고
한 곳, 틈을 빼앗는다

벽은 기대는 것이 아니라 밀어내는 것
집의 테두리며 은밀함의 통속인
벽의 안쪽, 그곳에
못 하나에도 고정 될 수 있는 가족이 있다

벽이 수용하는 것들과
작은 못 하나가 지탱하는 것들
작은 못 하나에 걸려서도 웃는 얼굴들

*토르라는 목요일의 신은 묄니르라는 망치를 무기로써 사용한다

벽을 뜨겁게 하는 것은
뭉툭하거나 뾰족하거나
두드릴 때마다 일어나는 불꽃이다
다섯 번째의 날, 토르의 날
세상에 걸어두어야 하는 것들을 위해
가장 밝은 빛을 내고 있는 목성

망치의 몫이란 불꽃이 필 때마다
벽속에 땅땅 소리를 집어넣고
벽을 기대는 것들이
아무렇지도 않은 듯 기대게 하는 것이다

그림자 탈의

벌판에 혼자입니다
버드나무 질척한 간척지
한 복판에 서서
물기에 입주중입니다

외롭다는 말은 혼자 서 있다는 말입니다
버드나무 긴 바늘의 시침처럼
한 낮을 따라 도는 그림자는
매일매일 탈의 중입니다
검은 옷 한 벌
매일 버드나무 속으로 들어갔다
다시 나오곤 할 때마다
바람은 단추가 되기도 합니다
가끔씩 어디서 본 듯한 춤사위를 꺼내 입습니다

그림자들,
그림자를 뻗지 못하는 정오쯤에는
갯바람이 가는 줄기를 훑고 지나가는 소리와
등이 옷 한 벌인 사람들과
낯익은 유행가 한 벌로 일생을 지낸
아버지의 노래 소리가 들리곤합니다

먹그늘로 어둠을 덮어가는 일
그림자와 동행하는 일
혓바늘로 돋아난 말이 한 벌 옷으로 시원합니다
한 벌 무채색 신분으로 서서
눈과 귀를 닫아 온 시간
햇살의 상표가 붙은 버드나무는
일생의 명품쯤 됩니다

미행하는 새벽

추영희 autumny@hanmail.net

빛을 흡입한 휘장처럼 두텁게 늘어진
어둠이 가장 포만한 아가리를 벌리는 시간
첫닭이 울기 전 세상의 길이란 길들
흔들렸던가 보이지 않았던가
모른다 모른다 모른다 베드로의 밤을 건너
울음이 한 발 늦게 닿을 무렵
사람의 창과 창은 굳게 닫혀있었다

우글거리는 군중 사이로 아름다운 그대
은밀하게 마주친 눈 슬쩍 비키는
새벽의 발생은 얼마나 오래 상할 가시인지
생의 어느 골목에선가
복병처럼 내 몸을 밟는 새벽의 기척
다 아는 눈 아무 말 없이 거두는
그대의 눈처럼 머리 둘 곳 없었다

사랑한다 사랑한다 허옇게 시어진 잔을 나누며
결단코 그러하겠노라 카랑한 목
물기 마르기 전
찢어지도록 모른다 모른다 모른다
첫닭의 울음처럼 홰를 치는 새벽
몰락한 맹세를 불구하고
잰걸음으로 왔다 그럴 때마다
일어나지 않는 잠을 청하는
골방을 그리워했다 자주
그 눈을 떨었다

겨울, 나무의 자서

내 몸의 뿌리까지 내려간
울음의 온도처럼
찍히네 지우네
그대의 변방을 서성이던 바람의 목뼈에
깃털처럼 걸어두네 깃털처럼 떨어지네
지상의 아름다움 하나 저무는 것 오래 목도한
기억처럼 눈을 드네 눈을 감네

그대 무심의 무게도 제 빛을 다해 가누었으니
돌아보지 마라
그대의 높은 하늘을 다 이고 왔으니
아무 것도 배웅하지 마라
나의 단단한 유배지에
침묵조차 기념하지 마라

꽃 피워내는 자리

한승희 hellococoa7@naver.com

목련이 피는 계절에 나는 금이 갔어요
내 허리에 자목련 한 그루가 열리죠

눈이 부실 때 마다
꽃잎이 커지는 걸 느껴요

슬픈 목련의 전설처럼
나뭇가지인 내 뼈에
붉은 검버섯이 피어 오르죠

물과 바람이 흐르는 열두 개 등뼈들
비어있는 다섯 번째 자리에 햇빛이 몸을 풀어요

왼쪽 허리에 자목련 향이 스치는 순간
시린 나는 더 휘어지죠

이렇게 아픈 것이 봄이라면
차라리 목련나무의 그늘진 곳이 더 좋아요

아, 골반에서 늑골까지
별이 스며든 자리마다
자목련이 내 몸을 다시 맞춰주는 거 였구나

그늘 경계에서 꽃망울이 터지는 소리는
구멍 숭숭 뚫린 자리에 근육이 자라는 소리였구나

동쪽을 바라보고 앉아 나 혼자 자목련 피워 올려요
내 허리에만 사는 자목련, 아직 낯설죠

조용한 식사

왜가리는
홀로 솟대가 되고
솟대 위의 피뢰침이 되고
목마른 허기의 부리가 빛나도록 멈춰있다

왜가리 발밑으로
피라미들이 지나가는 바로 그때
부리는 피라미 그림자를 찍어 올린다

순간 물갈퀴는 조약돌이 되고
그 어떤 물줄기도 조약돌의 중심을 건들지 못한다
유리잔처럼 부풀어있는 왜가리 목울대
부리는 석석 모래를 문지르고
햇빛 소화제를 받아 먹는다

이 무섭고 조용한 식사를
버드나무는 흔들어 지운다

수필

하루 엄마와 수필 가족

차갑수 gapcha@hanmail.net

하루 엄마는 수필로 인연 지은 관계다. 터미널에서 만났다. 눈도 작고 얼굴도 작다. 그런데 손이 무척 크다. 나로서는 감당이 안 될 만큼의 보따리 앞에 섰는데 깜짝 놀랐다. 준비물이 예사롭지 않다. 수필가족 먹을거리와 선물 등등이었다. 두루두루 살피는 성품이 날개 없는 천사다. 그래서 신神을 대신하는 언어, 엄마라는 수식어가 어울린다.

하룻밤 떠나는 여행을 위한 그녀의 정성과 수고에 고개가 숙여졌다. 사람을, 사랑하는 그녀에게 손뼉 밖에 보낼 방법이 없었다. 하루 엄마가 풀어내는 품이 아늑하여 좀 특별했다. 이번 여정의 하이라이트는 패션쇼다. 뒤적뒤적 옷을 꺼냈다. 솔직히 말하면 오늘, 나는 수첩 속의 버킷리스트 하나를 지울 차례를 만난 셈이다.

여름 패션은 두 다리 노출 문화가 노소老少를 불문하고 눈길을 당기는 난감한 시대다. 숏 바지나 스커트가 팬티와 다름없을 정도다. 거기에 다리를 꼬아 앉은 여성의 지하철 풍경은 민망하기도 하다, 아찔한 수위가, 정작 본인은 타인을 전혀 의식하지 않는다. 그래서 청춘일까.

비록 노인일지라도 신선한 정신과 용기, 열정을 표현하는 숏바지를 입고 싶었다. 한번쯤 경험하고 싶던 차에, 하루 엄마가 주최한 프로그램에 참여했다. 패션쇼를 위해 묵은 바지 하나를 싹뚝 잘라 바느질해 왔다. 패션쇼는 워킹이 백미다. 나도 등허리와 허벅지를 곧추 세워 모델처럼 행진 태세를 갖추었다. 그리고 걸었다. 엉덩이를 흔들고 X 자로 꼬아 걷는 재미에 여간 들떴다. 앞가슴을 헤치며 맘껏 몸매를 자랑했다. 마치 모델 같은 흉내로…

칠십 대지만 사십 대로 살아내자는 게 생활신조다. 노년은 주눅 들면 안 된다. 이러한 생각이나 행동이 젊음을 지켜내는 매력이다. 세월의 나이를 거꾸로 증명하자는 계산이다. 노년의 가치는 스스로 만들어야 한다. 자기 사랑에 인색하지 말자는 게 나의 주장이다.

생각의 변화로 세상이 꿈일 수 있고 그 반대일 수 있음을 증명한다면, 청춘이라 말할 수 있다. 삶의 질적 수준은 오직 본인이 선택하고 결정할 문제다. 오늘처럼 구경꾼이 봐주는 패션장터가 섰을 때가 찬스다. 숏 바지 하나에 기분이 날개 단 듯이 으쓱 오른다. 오늘 보니까 수필가족들 모델 아닌 사람이 없었다. 서로가 서로에게 박수를 치며 재미가 하늘을 찔렀다. 하루 엄마의 신선한 아이디어가 달항아리 앞마당을 뜨겁게 달구었다. 여간 짭짤한 추억의 한마당이 되었다.

수필사람들, 치악산 정기를 호흡하며 구름과 바람, 청청 숲과 계곡을 벗 삼아 떠돌았다. 술잔이 손에서 손으로 돌아가며 취기가 발동한다. 가슴이 너풀댄다. 글쟁이들 술기운에 묵은 얘기가 술술 쏟아진다. 사랑도 근심도 털려서 좋을 공간이다. 세상에 아픔 없는 사람이 어디 있으랴, 머리가 핑 돈다. 불면에 시달리던 친구가 뇌의 뚜껑을 열었다. 앓아오던 통증을 메스 같은 '용기'로 찢어서 해부한다. 그게 무슨 비밀이라고. 꺼내어 도려내면 그만인 것을, 끌이고 살았었나보다. 참고 견디던 내면의 갈등, 그 속자락을 벗었다. 부담 없는 자리에서 제 3자와의 소통이 치유의 수단이 되었다. 잠 못 들게 하던 남정네 등짝이 미워서 얼마나 애를 태웠을까. 오늘, 그녀는 후련했을까. 아팠었구나. 그래 나도 아팠었어, 하나 둘 절절한 사연들이 불쑥불쑥 고개를 쳐들고 튀어나왔다. 응어리가 터지며 얽히었던 답답함이 해갈되어 갔다. 죽음 직전까지 등 돌려 계시던 부모님을 극적으로 화해시킨 효성은 단연코 최고였다.

앗뿔싸! 느닷없이 터진 하루 엄마의 외마디는, '가면 팩 놀입니다'라고 소리친다. 이게 또 뭔 일? 타이거, 고양이 사자 늑대 등등 형형색색의 가면 팩을 받았다. 저마다 팩을 얼굴에 포장하고 열

한명이 빗살무늬처럼 누웠는데, 괴기스러운 그림이 꼭 다문화 체험현장을 방불케 했다. 밤하늘 뭇별 속으로 우리들 웃음소리가 번져간다. 여행의 완성은 웃음이라고…

오늘이란 영원성은 우리 수필가족에게 영원할 것이다. 떠나고 돌아옴에 있어 적어도 글에 대한 사명이 수필가족의 예의다. 수필의 완성은 삶의 이해와 사람에 대한 통찰력, 읽는 이의 공감을 사오면 제 맛이 우러나는 법. 수필의 힘, 그것이 우리들의 화음이다.

달항아리 패션 무대는 하루 엄마의 작품이다. 각본 연출 감독까지….

겨울 호숫가에서

이영옥 lee3886@hanmaill.net

바람이 얼굴을 때리는 것처럼 따갑고 차다. 잠시 자전거를 세우고 호수를 내려다본다. 호수에는 바람의 흔적처럼 얼음 위에 용의 비늘 같은, 파도의 물결 같은 무늬가 그려져 있다. 바람이 스쳐 간 자리, 순간의 모습으로 멈춰진 자리에도 움직임이 느껴진다.

호수는 대부분 얼어있고 한쪽에서만 물결이 인다. 그곳은 수질 관리를 위해 수중 펌프로 물을 품는다. 잠이 든 것처럼 고요한 호수가 유독 이곳만 움직임이 있다. 그곳에 청둥오리가 노닌다. 그 모습이 좋아 우두커니 서서 수시로 바라보곤 한다.

공원 내의 호수를 한 바퀴 돌면 시간이 제법 걸리고 갈증이 나는 거리다. 이 추운 날에도 운동을 나와 호수를 걷는 사람들이 간혹 보인다. 이들의 모습은 멀리 시베리아 횡단이라도 하는 사람들처럼 두툼한 방한복에 모자를 눌러쓰고 목 토시나 마스크로 얼굴을 가려 눈조차도 잘 보이지 않는다. 올겨울은 사람도 짐승도 새들도 모두 힘겨운 것 같다.

이런 날 꽁꽁 언 땅에서 자전거를 타려면 조심스럽다. 몸은 움츠러들고 타이어는 접지력이 약해 바퀴가 튕기는 느낌이다. 날씨가 춥든 덥든 호수 둘레를 돈다. 누군가 슬그머니 버린 양심을 주워 담는 것이 나의 일이기 때문이다.

혼자 천천히 돌다가 자전거를 세워놓고 물가 가장자리 데크로 내려갔다. 청둥오리가 궁금해서다. 이 추운 날 물속에서 놀다가 밖으로 나와 얼음 위를 걷는다. 미끄러운 듯 뒤뚱뒤뚱 걸어가다 그곳이 제 자리인 양 멈춘다. 발이 시린 듯 빨갛다. 그런데 발쪽에 동맥과 정맥이 붙어 있어 열을 교환하여 춥지 않다니 다행이다. 얼음 위에서 십여 마리가 무리 지어 햇빛 바라기를 한다. 여전히 물속에는 여러 마리가 유영하고 있다.

수컷은 한눈에 봐도 예사롭지가 않다. 청록색 머리와 황금빛 부리, 몸통의 갈색이 조화를 이루며 귀티가 난다. 목에는 스카프를 두른 것처럼 얇고 흰 테두리가 있다. 장끼만큼 화려하다. 주변에 암컷이 많아도 신경을 쓰지 않는 눈치다. 암컷들도 그다지 수컷을 의식하지 않는 것 같다. 싸우지도 않고 정겹고 평화로워 보인다. 나는 짓궂게 놀리고 싶어 인기척을 내고 화들짝 놀라 날아가는 모습을 지켜본다. 날지 못할 것처럼 뒤뚱거리던 오리가 가을날의 기러기처럼 날렵하게 날아가는 척하다가 가까운 마른 풀숲에 내려앉는다. 오히려 내가 놀림을 당한 것 같다.

잠시 주춤하던 바람이 분다. 잡풀이 많은 길로 들어서니 바람이 불 때마다 억새의 수런거림이 더 춥게 느껴진다. 마른 억새가 세찬 바람을 견디며 꼿꼿하게 서 있다. 바람결에 하늘거리던 억새는 죽어서 힘이 더 세졌다. 모든 생명은 종족 번식의 본능적인 욕구가 있다. 억새도 예외일 수는 없나 보다. 굳건히 자리를 지키고 있다가 봄이 되어 움이 트고 자리를 잡으면 그제야 시나브로 사위어 간다. 자연에 대한 경외심이 드는 순간이다.

호수를 한 바퀴 도는 동안 참새와 박새 같은 작은 새들이 제 목소리를 내면서 날아갔다. 어치와 까치, 까마귀까지 제법 몸피가 있는 새들도 날아갔다.

멀리 청둥오리들이 놀고 있는 근처에 눈에 띄는 새 한 마리가 보인다. 왜가리다. 수중 펌프 보호 장구 위에서 화면이 정지된 듯 앉아있다. 자세히 보지 않으면 떠내려온 고사목 가지로 보일 정도다. 청둥오리들이 눈앞에서 꽥꽥거리며 수선을 떨어도 왜가리는 무념무상의 경지에 이른 듯 미동도 없다. 침묵처럼 무거운 회색빛을 띠고 머리의 댕기 같은 깃털이 수염처럼 바람에 날린다. 포스에서 풍기는 아우라가 이미 호수를 장악하고도 남는데 왠지 고독해 보인다. 이런 새를 누가 왝왝 운다고 왜가리란 이름을 붙였을까. 차라리 외로워 보여 '외가리'가 더 어울릴 것 같다. 휴대폰을 꺼내 줌을 찾아 최대한 당겨본다. 절대고독이 느껴진다.

홀로 앉아있는 모습을 보며 괜히 마음이 쓰인다. 겨울이 운치가 있어도 왜가리를 보니 봄이 빨리 와야 할 것 같다. 봄을 기다리는 것이 왜가리뿐이겠는가.

물가에서 올라왔다. 앙상한 느티나무가 오늘따라 더 추워 보인다. 게다가 나무 표피가 비늘처럼 떨어져 군데군데 마른버짐처럼 보인다. 새살이 돋아나기 위한 성장통을 앓는 것 같다. 그런데도 꽁꽁 언 땅 밑에서 숨죽이며 물을 나르고 있을 것이다.

겨울 찬바람에 앙상한 가지로 떨어야 했던 나무들, 꽁꽁 언 땅 속에서 숨죽이며 기다린 까만 씨앗들, 풀 포기들 어쩌면 호수를 둘러싸고 있는 모든 것들이 봄을 기다리고 있는지 모르겠다. 어쩌면 제일 기다리고 있는 건 내가 아닐까.

너도바람꽃

김새봄 kimc43@hanmail.net

넓은 강당은 결혼식 하객으로 북적였다. 지금껏 다녀본 결혼식 중에 이렇게 인산인해를 이룬 결혼식은 처음이었다. 사람들 앞을 지나칠 때마다 어깨를 부딪칠 정도였다. 층계마다 화환들이 즐비하게 늘어섰고 장내는 꽃으로 치장되어 분위기를 더하였다. 주례 앞에 선, 길게 늘어뜨린 신부의 면사포와 드레스 자락이 샹데리아 불빛에 반사되어 눈부셨다. 시종 축하 노래와 연주가 이어져 달뜬 분위기였으나 휠체어에 앉아 있는 신부 아버지로 인해 마음이 이내 숙연해졌다. 신부아버지는 몇 주 전 병문안 가서 뵈었을 때보다 급격히 나빠졌다 해서 걱정이었다. 불과 세 달 전까지만 해도 신부 아버지는 참으로 건강한 삶을 살고 있었다. 어느 날 아랫배가 뻐근하여 병원으로 달려가 진단받은 후 시한부 삶'을 선고받았다. 날이 갈수록 호전될 기미는 없고 생사를 논할 정도가 되었다. 온화한 성품과 테니스로 다져온 체력, 오랜 신앙생활로 몸 마음이 건강해 모든 사람들에게 본이 되어왔다. 축도를 끝낸 목사님이 신부 아버지가 이 자리에 나오지 못하게 될까 봐 하나님께 매일 간절한 기도를 올렸다는 말에 눈물이 핑 돌았다. 한때, 인생의 고비를 넘으며 휘청댈 때마다 위로의 기도를 주었던 내외였다. 이제 내가 위로를 건네야 했으나 아무 위로가 되어주지 못해 안타까울 뿐이었다.

사람들 틈을 비집고 앞쪽으로 다가가 앉았다. 휠체어에 의지해 앉아있던 신부아버지가 힘겹게 일어서서 딸 옆에 설 때는 갑자기 쓰러지면 어쩌나 가슴이 조마조마했다. 딸의 가장 행복한 순간을 생전에 보려고 부랴부랴 올리게 된 예식이었다. 병원에서 예식장으로 힘겹게 나들이한 아버지와 세상에서 가장 귀한 사진을 찍게 되는 장면을 지켜보는 순간이었다. “자, 이쪽을 보세요.” 사진사의 주문에 모두들 웃는 표정을 지었다. 신부 아버지도, 눈물을 글썽이는 게 역력한 신부어머니도 웃고 있었다. 사진사는 가장 행복한 순간을 단번에 잡으려고 애를 썼다. 가족사진을 찍자마자 신부아버지는 들것에 실려 병원으로 이송되었다. 나도 병원으로 따라가고 싶었으나 손님들 북새통에 신부어머니를 그만 놓치고 말았다. 두리번대다보니 이미 구급차는 병원으로 떠나고 난 뒤였다. 다음 날, 딸이 밝은 모습으로 신부역할을 잘해내어 보기 좋았다고 전하자 서로 절대 울지 않기로 약속 했다고 한다. 딸과 서로 눈을 마주치지 않으려고 애썼다는 젖은 음성을 듣자 눈물바람이 훅하고 내 시야를 가렸다. 그리고 얼마 지나지 않아 봄이 한창 무르익어 가던 오월 어느 날 신부아버지는 안식에 들었다.

봄이 어디만큼 왔나 마당가를 서성대며 마당 구석구석을 살핀다. 갑자기 시선을 끄는 꽃송이에 탄성이 절로 나온다. 저 홀로 봄이 왔음을 알리고 피어있는 너도바람꽃이다. 수줍은 듯 보랏빛 꽃잎을 나풀댄다. 대견하다. 사랑스럽다. 마당 한 켠에 심어놓고 해마다 꽃이 필 때를 고대했다. 깜박 잊고 지냈는데 꽃이 핀 것이다. 아직 꽃샘추위가 기승을 부리고 있어 갸녀린 꽃대가 부러질까 애처로운 마음에 쪼그리고 앉아 자세히 들여다본다. 피어난 지 며칠이나 된 걸 살피지 못한 걸까. 기념으로 사진 찍어두는 걸 미루다 오후나절 살펴보니 꽃잎 한 장 남기지 않고 매서운 바람에 다 흩어졌다. 망연자실 꽃대를 한참 내려다본다. 늑장부린 내 자신이 밉기만 하다.

남편을 보내고 이국땅에서 딸과 함께 지내고 있는 여리지만 강한 그녀를 생각한다. 모든 것은 순간이라 눈물바람을 몰고 지나간 자리에 이제 새 삶이 상처를 보듬으며 뿌리를 내렸다. 너도바람꽃 앞에 서서 몇 해가 지난 눈물의 결혼식 장면이 겹쳐진 건 오랜만에 그녀와 안부를 주고받고 난 뒤라서 일 것이다. 문득 세월을 거스르고 싶었던 건지도 모른다. 어쩌면 우리네 생도 덧없이 피고 지는 사랑의 바람꽃이 아닐런지. 짧은 봄을 대변이나

하듯 잠깐 머물다 사라진 꽃을 보며 너도바람꽃이라고 이름 붙여진 연유를 알 것도 같다.

지인의 미술관 초대에 길을 떠나며 생각한다. 짧은 봄날, 하르르 지는 꽃잎 같은 생일지라도 일상의 오브제를 즐기며 살자. 미술관 가는 길목에 내걸린 '그대를 위하여 오크밸리에 봄이 왔습니다'라는 한 줄의 문장을 저장하며 봄바람 속을 가른다. 햇살이 참 눈부시다.

소멸 되지 않는 잔고

박상분 Taegabs@hanmail.net

결혼 후부터 지금껏 나는 돈을 벌어본 적이 없다. 전업주부로만 사는 것도 복이라는 소리를 가끔 듣기도 했지만 가정에만 묻혀 사는 일에 별 보람을 느끼지 못하는 나로서는 늘 백수라는 콤플렉스를 안고 살았다. 알뜰히 사는 데는 한계가 있어, 식솔이 여럿 매달린 남편의 월급에서 요것조것 재느라 양가 어른께 족히 못 챙기는 용돈도 늘 맘에 걸렸다.

이런 아쉬움이 많던 내게 새천년 어느 날 큰돈이 생겼다. 늦깎이로 국문학을 전공하고 수필 공부를 하던 중, 00문학상에 응모한 결과 가작으로 뽑혀 부상으로 30만 원을 받은 것이다. 예기치 않은 당선의 설렘보다 처음으로 내가 번 돈을 만져보는 기쁨이 더 컸다. 두 어머니께 오롯이 내 수입으로 돈을 드린 일도 처음이었다.

그 문학상은 '커피와 문학과의 만남'에 걸맞게 굵직한 커피 회사에서 해거리로 주관해서 여러 장르에 걸쳐 재능 있는 문인을 발굴, 지속적인 지원을 하고 있다. 수상자들끼리 00문학회가 탄

탄하게 결성되어 있어 문학기행이나 동인지 등 많은 혜택을 받으며 다양한 장르의 작가들이 서로 채근하며 문향을 피워내는 열정이 뜨겁다.

글쓰기가 내 깜냥을 한참 웃도는 일이거늘, 언제나 두렵고 버겁기만 했던 내게도 문학의 싹이 돋아나 키가 한 뼘씩 자라고 있으니 마음 속 계좌에는 꾸준히 정신적 양식이 쌓여가고 있다.

다시 얼마의 수입이 생긴 일은 언제 떠올려도 웃음이 난다. 00문학지로 등단한 사람들끼리 동인지를 내며 잠시 장애인학교에서 논술지도 교사로 봉사하던 중, 구청에서 다른 일을 부탁해왔다. 해마다 자원봉사자 수기 모집을 하는데 심사를 맡아달라는 요청이었다. 응모한 글들을 잘 살펴 작품성이나 완성도보다 봉사 내용에 초점을 두어 기초심사를 하고 최종심사는 국문과 교수님과 함께 수상자를 선발하는 일이었다. 마지막에 책으로 묶어서 공공기관에 비치하도록 모든 작품을 꼼꼼하게 교정을 봐주었다.

두어 해가 지나고 담당 직원으로부터 연락이 왔다. 올해부터 심사비를 주기로 했는데 너무 적게 나왔다며, 무슨 잘못이라도 한 듯이 민망하다는 말을 거푸 하는 것이 아닌가. 여태 봉사로도 해왔는데 액수에 개의치 않는다며 인사치레를 하고 은행으로 달려갔더니 통장 끝줄에 30만 원이 찍혀 있었다. 그즈음 생활비를 감안해도 적지 않은 돈인데 왜 담당자가 그렇게 미안해했는지 의아스러웠다. 아무튼 가욋돈이 생겼으니 가족은 물론 친구나 모임에 나가 쏘기(?) 시작했다. 이 일은 구청의 연중행사이므로 나는 앞으로 연봉 30만 원이라! 맘껏 기분을 내다보니 그 액수를 훌쩍 넘어 갑절쯤 나갔지만 그래도 괜찮았다.

며칠 후 통장 말미에 웬 5만 원이 눈에 띄었다. 구청에서 보낸 것이었다. 먼저 들어온 삼십 만 원은 지인에게 빌려 준 돈을 돌려받은 것이었는데…. 졸지에 수입의 열 배가 넘는 지출을 한 셈이었다.

그 5만 원도 한 번으로 끝났고 이듬해부터 본래의 취지대로 순수 봉사의 길로 돌아갔지만 그 일은 내게 많은 정신적 자양분을 주었다. 한 해에 백여 편씩 십년을 남의 글을 읽으며, 한 편 한 편의 사연들이 한결같이 갸륵해서 출품자 모두 상을 안겨주고픈 마음 간절했다. 교수 출신부터 가난한 장애자, 온 가족이 봉사자로 나선 사례도 있었다. 남에게 시간과 몸을 쏟는 만큼 본인의 행복이 배가된다는 마음들이 글 속에서 얼마나 진정성 있게 다가오던지. 글쓰기가 미숙해서 더듬더듬 문장을 만들어가며 읽으면서도 금방 숙연해지고 심사 후기를 쓸 때는 가슴이 먹먹해져 한줄 평도 어려웠다. 민낯만큼이나 치장하지 않은 솔직한 마음자리를 들여다보며 그들의 이타심에 대비對比되는, 안일하기 짝이 없는 내 삶은 얼마나 작고 이기적인지. 한동안이나마 목전의 일 앞에 일희일비하며 아웅대던 다툼이 머쓱해졌다.

나이 들수록 내 삶을 뒤척이며 되돌아보는 시간이 많아진다. 여태도 봉사의 길에 나서진 못했지만 그 글들이 무거운 감동으로 남아, 자칫 자신만의 일로도 벅차 허우적대는 내 가벼운 삶에 일침一針을 놓곤 한다.

두 번의 사건은 은행 통장이 아닌, 마음 속 계좌에 잔고로 남겨져 갈수록 무미하고 빈곤해져가는 내 정신세계를 은근히 채워주고 있다.

잔고가 소멸 되지 않고 꾸준히 늘어나기를 소망한다.

상처傷處와 상흔傷痕

강미애 kma0819@naver.com

자기가 쓰고 있는 소설 속의 여 주인공이 죽게 된 날 밤에, 비 오는 런던 거리를 밤새도록 울며 서성거렸다는 어느 작가의 독백을 읽은 적이 있다. 작품 속에 그녀는 작가의 마음의 마음이요, 철저히 그의 분신이며 사상과 감정의 피를 나눈 또 다른 자신이었을 것이다. 그녀가 죽은 건 바로 그 자신의 죽음을 뜻한다. 아마도 그는 〈내가 죽었다. 내가 죽었다〉는 말을 수없이 외쳤을 것만 같다.

사람은 죽는다. 단 한 번의 죽음이라고 말하지만 사실은 다섯 번도 열 번도 죽는다. 내게도 그런 일이 있었다. 나의 최선의 것이 무너져 내릴 때마다 나도 함께 죽었다.

〈최선의 것이 죽었어. 때문에 나도 죽은 거야.〉

이 암담한 언어.

우리는 수시로 죽음에 직면한다. 직면할 뿐 아니라 수시로 죽는다. 사람에겐 그 나름대로 최선이라는 것이 있는 법이다. 남에게 견주어 볼 땐 실로 보잘 것 없다 해도 그에겐 하늘같은 절대이다. 그러나 이를 들어 올릴 완력腕力이 달리면 아차 하는 사이에 손을 놓아 버린다. 삶이 으깨져 흩어지는 그 허무한 조각들. 죽음이 지나가면 상처가 생기기 마련이다.

지금 자신의 몸에 흉터가 있는지 없는지 들여다보라. 최소한 한두 개 정도의 상처자국인 흉터들이 있을 것이다. 흉터는 상처의 흔적이다. 시간이 지나면 상처는 아물지만 흉터는 우리의 몸에 상흔傷痕으로 남는다. 그렇다면 무엇 때문에 상처 받고, 흉터를 남기는가. 대부분 누구의 탓으로 돌린다. 하지만 자기 스스로 상처를 자처自處하고 흉터를 만드는 경우가 많다. 이유는, 자기를 알아달라는 것이다. 내게 맞추라는 것이다. 그러다가 상대가 응하지 않으면 상처를 받는다. 조금만 깊이 생각해 보면 많은 원인이 자기에게 있음을 발견할 수 있다. 그러나 어쨌든 상처는 치유받아야 한다. 치유 받지 않은 상처의 흉터는, 그것을 보고 생각할 때마다 사람과 사람 사이를 가로막고 불신과 원망의 벽을 높이 쌓기 때문이다.

아픔을 이해하자. 섭섭함을 어루만지고 벼랑 끝에 섰을 땐 누구든 옆에 함께 있어 주자. 하지만 묘하다. 대부분의 상처는 오히려 드러나지 않으며, 때문에 아무런 위로도 구하지 않는다. 잠결에도 놀라게 되고 꿈속에서도 눈물짓게 하는 설움이다.

천천히 저음으로 내뱉게 되는 말들.

〈나의 최선의 것이 죽었다. 다시는 살아나지 못할 것들이〉

죽은 여자를 물 밑에 가라앉히는 의식이 눈앞을 스친다. 죽은 여자는 나다. 혹은 소설 속의 그녀다. 자기가 쓴 작품 속의 여 주인공이 죽은 날 밤에 비 오는 런던 거리를 울며 헤매었다는 그 소설가는 이로써 실재의 인물임을 믿지 않을 수가 없다. 나의 내부의 것이 눈 감음으로 하여 나도 죽는다. 내 심장이 멈춤으로 하여 내가 죽는다. 사랑이 내 안에서 끝났을 때 나는 죽는다.

손을 베였다 /책을 잘못 건드렸다 / 종이 한 장이 날을 세우고 있다가 / 내 영혼을 스윽 베어 버렸다 / 모가지가 뜨끔했다 / 종이에 묻은 핏방울이 지워지지 않았고 / 글자 몇 개가 붉게 물들었다 / 내 몸이 다녀간 흔적을 책의 영혼은 가지고 있다 / 내 영혼이 책을 만나기 이전에 / 내 몸이 먼저 책을 만났다 / 그 책 속에 매복해 있던 글자들이 / 칼을 들고 내 눈동자를 노려보고 있을 때, / 종이 한 장이, 기껏해야 종이 한 장이 /나에게 상처를 주었다.

– 상처, 강 수

누군가와 경쟁해야 하는 현대사회에서 개인적인 트라우마나 치부는 숨겨야만 하는 존재다. 그러나 눈에서 보이지 않는다고 상처가 사라지는 것은 아니다. 오히려 제대로 치유되지 못한 상처는 더 큰 흉터가 돼 삶을 힘들게 한다.

결코 끝이라고 말하지 말자.

우리의 최선인 것이 죽었다 해도 우리 자신까지 죽었다고 여기지 말자. 하나의 최선이 죽거든 그 다음 최선을 또 만들어 내자. 모든 걸 포기했을 때라도 진실의 밑뿌리는 시들지 않으리니.

꿈꾸는 사진기

노기화 23hohoho@hanmail.net

롤라이 카메라 모양으로 만들어진 카페, 렌즈 모양인 창가에 앉았다. 동그란 유리창 속으로 들어오는 바깥 풍경이 고요하다. 마치 뷰파인더 속에 내가 들어와 있는 착각이 들게 한다. 카페 안 곳곳에는 숱한 순간들이 담겼을 사진기들이 진열되어 있다. 크기와 모양도 색깔과 종류도 다양한 카메라들…. 정지된 듯해도 파인더 속은 많은 표정을 품고 있는 듯하다. 어느 물건이나 그러겠지만 카메라만큼 시간과 밀접하게 맞닿아 있는 것이 또 있을까. 순간을 잘 살아내고 싶은 만큼 나를 만나게 되는 곳을 찾고 싶어진다.

몸과 마음이 쉬고 싶은 날이면 '꿈꾸는 사진기' 카페를 찾는다. 카페가 있는 쪽으로 들어가면 오래된 소나무와 자작나무들이 계절마다 서로 다른 바람소리를 낸다. 그 바람소리 마중을 받으며 카페에 다다르면 마음도 머릿속도 맑아진다.

'꿈꾸는 사진기' 카페 주인 부부는 세상을 좇지 않고 내면의 소리에 순응하며 살아가는 이들이다.

카페 안에는 '꿈꾸는 사진기'가 만들어지기까지의 과정이 사진으로 걸려 있다. 이루고 싶은 꿈들이 그림으로 그려져 있는데 줄느런히 걸려 있는 그림들이 마치 인생의 보물지도처럼 보인다. 사진을 좋아하는 남편과 전원에 살고 싶은 아내, 그리고 강아지를 키우고 싶은 어린 딸의 소망이 도화지에 그려졌다. 삶의 렌즈에 담고 싶었던 가족이 서로의 꿈을 천천히 줌 인하여 현실로 이뤄낸 모습이 아름답다.

이곳은 여느 카페와 달리 독특한 분위기다. 테이블마다 꿈을 적는 종이와 펜이 놓여 있다. 벽에는 사람들이 적어놓고 간 버킷리스트가 나란히 붙어 있다. 종이에 꿈을 적어 주면 폴라로이드 카메라로 찍어 명함 크기로 선물해준다. 현실에 지친 사람들이 꿈을 나누며 삶의 힘을 얻는 소박한 공간이길 바라는 주인의 마음이 어디서나 느껴진다. 나도 꿈을 찾아 적어보고 싶었는데 막상 펜을 잡으니 아득해진다. 많은 소망 중에 버킷리스트에 올릴 내 꿈이 뭘까…. 문득 사람들이 적어 놓은 버킷리스트 앨범파일이 눈에 들어온다.

-알바 자리에서 버텨내기
-엄마와 화해하기
-로또 2등 당첨해서 부모님 해외여행 시켜드리기'
-스페인 여행 가기

한 여대생이 써 놓고 간 리스트다. 현실의 상황과 이상이 교차하는 마음까지 그대로 느껴진다. 피할 수 없는 현실을 버텨내려니 힘들기도 하겠지. 지친 마음에 엄마한테 투정한 것이 내내 마음에 걸린 딸의 소망이 기특하고도 아프게 다가온다. 로또도 1등이 아닌 2등 당첨을 꿈꾸다니. 이왕 꿈을 적는 것이니 1등을 적었을 법도 하련만 조금이나마 가능에 가까운 2등에 희망을 걸었으리라. 스페인 여행을 마지막에 써넣은 속 깊은 그녀의 꿈이 꼭 이루어지길 바라며 마음을 모은다.

다섯 가지 버킷리스트를 적는 일은 쉽지 않다. 현실의 벽과 간절하게 원하는 것은 이루어질 수 없는 욕심 같아 자꾸 뒤로 밀려난다. 그중 하나가 '등단'이었다.

오래전 수필 잡지에 초회 추천받았으나, 현실에 등 떠밀려 그 꿈도 저만치 숨어버렸다. 씨앗을 뿌려 놓기만 하고 가꾸지 못하는 게으른 농부처럼 방치했다. 글밭은 차츰 건조하게 말라갔다. 가끔 잡초 속에서 피어나는 풀꽃들조차 시선을 주지 못했다. 치열하게 노력도 안 하면서 글밭 근처를 서성였다.

펜을 잡고 다짐처럼 버킷리스트 '등단'을 첫 번째에 적었다. 그리고 올봄 16년 만에 '완료 추천' 꿈이 현실에서 인화될 것을 기다린다.

버킷리스트를 적다 보면 나 자신과 온전히 만난다. 실현하기 힘든 꿈이라고 지레 물러설 필요가 없다는 생각이 든다. 살아가는 동안 누구나 오르고 싶은 희망봉이 있어야 풀어진 운동화 끈을 다시 매 볼 수 있지 않을까.

"꿈을 갖는 일은 어두운 밤하늘에 홀로 떠 있는 별이 되는 것과 같다."

한 작가가 쓴 독백처럼 꿈이 꿈으로 끝날까봐 때로 막막하기도 하고 절망감을 안겨주기도 한다. 어른이 되어간다는 것은 꿈 하나씩 접어가는 일이다. 그럼에도 불구하고 작은 꿈에 기대 살며 사소한 기쁨을 알아가는 과정도 좋지 않은가. 버킷리스트를 적고 폴라로이드카메라로 찍은 꿈 사진을 보며 저마다 밝게 웃고 돌아서는 사람들. 그 이유를 알 것 같다. 희망을 적는 순간 가능성은 진행형이 되니까.

꿈꾸는 사진기 2층 계단을 내려오는데 문구 한 줄이 내 발걸음을 붙잡는다.

"당신의 꿈은 안녕하신가요."

클레오파트라

박애자 aeza22@hanmail.net

짙은 눈 화장이 뇌쇄적이다. 온 몸을 금장으로 휘감은 그녀를 바라보는 남자의 눈빛은 무쇠라도 녹일 듯 강렬하다. 인터넷에서 본 클레오파트라 영화포스터다. 엘리자베스테일러와 리처드버튼 주연의 클레오파트라는 중학교 때 단체 관람을 한 적이 있었다. 그때는 화면 아래 자막을 따라 읽기에 바빴고 이해 할 수 없는 내용이 무척 지루했던 기억이 난다.

'니 얼굴은 코가 반이다. 니 네 아부지 혹 미국사람 아이가.' 어릴 적 옆집 사는 언니가 놀려 먹던 말이다. 그럴 때마다 얼른 방으로 들어가 벽에 걸려 있던 거울을 들여다보곤 했다. 피노키오처럼 코를 조절할 수 있다면, 코를 손바닥으로 힘껏 눌렀다 떼도 늘 원상태로 돌아 왔다. 깡마르고 까무잡잡한 피부에 주근깨가 다닥다닥 붙은 얼굴은 코가 더 두드러져 보였다. 언니 말대로 나는 내 혈통을 의심했고 코는 외모에 대한 콤플렉스가 되었다.

열여섯 살, 아릿아릿한 사랑이 영글던 꽃망울 같던 시절이었다. 친구네 집 문간방에는 자취하는 대학생 오빠가 있었다. 오빠는 마당 수돗가에서 교복을 빨아 빨랫줄에 널고 들마루에 앉아 기타를 치곤했다. 친구랑 몰래 문틈으로 오빠를 훔쳐보고 기타소리에 맞춰 노래를 따라 부르기도 했다. 알 수 없는 설렘으로 하굣길 자주 친구 집에 갔다. 평소 말이 없는 오빠가 어느 날 내게 '니 코는 클레오파트라 코 같데이.' 뜬금없이 던진 그 말의 의미를 붙잡고 밤새 뒤척였던 적이 있다. 코가 예쁘다는 건지 콧대가 높다는 건지, 물어보기 전 어느 날 오빠는 문간방을 떠났다. 외모 열등감으로 주눅 든 나에게 자존감을 살려준 말, 클레오파트라가 되었다.

결혼 전 일이다. 시어머님은 내가 다니던 직장으로 몰래 와서 훔쳐보고 갔다고 했다. 첫 인상이 어땠냐고 묻는 아들에게 장래 며느릿감 코가 거슬렸던지 "코는 복코가 잘 산다는데" 콧대가 높아 기 센 여자에게 아들이 휘둘릴까 걱정한 모양이다. 얼굴 부위 중 유독 눈에 띈 것이 코였다니 평범하지 않다는 반증이리라. 남편은 외아들이다. 어머님은 물론이고 집안에서 남편에 대한 관심과 기대는 각별했다. 특히 시고모님 친정 조카 사랑은 유별났다.

첫 아이가 막 돌을 지나 걷기 시작 할 무렵이었다. 고모님이 친정 나들이를 오셨다. 아기가 아무리 봐도 친가 쪽 보다는 외가 쪽인 것 같다며 지 애비를 닮았으면 훨씬 잘 생겼을 것이라며 목소리를 높였다. 듣고 있자니 은근히 속이 꼬였다. 갓 돌 지난 아기에게 인물 타령이라니, 요즘은 잘 생긴 얼굴보다 훈남이 대세라고 항변을 했다. "아이구 질부야, 말이 났으니 말인데 조카는 보통 인물은 아이데이. 이 근방에 그 인물 따라 올 사람 없다 신성일이 빰치는 인물아이가" 어머님까지 가세하여 맞장구를 쳤다. 영화배우를 하고도 남을 인물이라나. 월등하게 잘 생겼다고 생각하는 아들에 못 미치는 며느리 인물을 그런 식으로 말하고 싶었던 것이다.

신성일이 닮았다고? 무슨 소리야 이래 뵈도 난 클레오파트라야. 엄앵란 보다 한 수 위인 클레오파트라를 알기나 하는지. 한 꼭지 비틀고 싶었지만 목구멍까지 올라 온 말을 뱉지 못하고 결국 삼켰다. 수 십 년도 더 지난 일이다. 신성일도 클레오파트라도 세월의 흔적은 지울 수가 없다. 고모님도 세상을 떠났고 신성일 빰친다던 얼굴에도 깊은 주름이 접혔다.

다시 클레오파트라를 보게 되었다. 화려한 의상과 아름다운 외모, 오만하지만 카리스마 넘치는 표정, 4시간 영상을 이틀에 걸쳐 보았다. 일자 앞머리 아래 짙은 눈 화장은 매혹적인 분위기를 자아냈다. 영화를 보는 내내 유독 내 눈길을 끈 건 코였다. 엘리자베스 테일러의 완벽한 얼굴에 오똑한 코, 꺾이지 않는 자존심이 저러 하였을까. 사랑과 권력을 향한 끝없는 야망은 끝내 죽음으로 이어졌지만 죽음마저도 도도했던 클레오파트라. 독사에게 물려 죽는 마지막 장면을 볼 때는 마치 내 몸 속으로 독이 퍼지는 것 같았다. 파스칼은 '클레오파트라 코가 조금만 낮았어도 세계 역사가 바뀌었을 것이다, 라고 했다. 코의 높낮이로 세계 역사가 바뀔 만큼 클레오파트라는 대단한 여자였다는데, 내 코가 조금만 더 높았다면 내 인생도 달라졌을까. 문득 궁금하다.

단단해 지는 중

김숙경 kskprtty@hanmail.net

겪을 만큼 겪어야 아픔도 무뎌지는 것 같다. 무너질 것 같은 마음도 시간이 흐르다 보니 덤덤해진다. 처음엔 상황들을 인정하고 싶지 않았다. 그때는 우리의 불찰만 같아 죄의식에 가슴 아팠다. 친정엄마가 갑자기 뇌졸중으로 쓰러지고 나서야 모두가 죄인인 적이 있다. 누워 있는 엄마를 보면서 고단했던 삶 보상받는 거야. 엄마는 이렇게라도 쉬어야 한다며 우리가 못한 효도라는 것에 스스로 합리화하고 있었다. 시간이 흐를수록 더 악화되는 병세, 아예 인지하지 않으려는 엄마 때문에 식구들 모두가 힘겨워 했다. 그런 엄마를 두고 나쁜 생각을 입 밖으로 내지 않으려고 우리는 애쓰고 있었다. 그런 와중에 시아버님이 한 달 넘게 병원에 계시다 요양병원으로 옮겼다. 여든둘 어머니도 이제는 병시중에 지쳤고 재발한 대장암, 생각 이상의 악취에 견딜 수 없어 내린 특별한 조치였다. 아버님은 병원에서 집으로 다시 또 병원으로 입 · 퇴원을 반복했었다.

장마철 눅눅함과 후텁지근함에 코끝으로 달라붙는 배변 냄새,

바싹 말라가는 아버님, 담당 의사는 얼마 남지 않음을 비쳤고 남편은 혹 모를 장기전을 대비해 임종병동과 요양병원을 저울질하고 있었다. 경제도 생각하지 않을 수 없어 아는 사람의 소개를 통해 온 요양병원은 생각만큼 나쁘지 않았다. 병원으로 가면서 눈물을 흘리시던 아버님이 불쌍하다며 어머니까지 훌쩍이셨다. 어느 정도 이별을 실감하는 가족들, 아버지를 그곳에 두고 오면서 막내 시동생도 울었다는 소리를 들으며 더 단단해져야 하는데 한참을 더. 지금은 그 과정을 겪는 중이라고 말하고 싶었다. 생각만큼 쉽게 이승의 끈을 놓친 않으실 거다. 숨 쉬듯 입을 벌리면 목구멍을 타고 그런 말들이 쏟아져 나올 것 같았다. 지금은 위로가 안 되는 쓸모없는 말들이 될 것이다.

단단한 의미는 아마 이 상황을 받아들이면서 훈련해야 하는 일이라는 것을 한참 지난 후에 알게 되리라. 무감각에서도 가끔 차오르는 슬픔을 본다, 생이 이다지도 잔혹한 일인가. 왜 고통을 겪을 만큼 겪게 하고 모두가 피폐해질 만큼 힘들어야만 끝나는 것일까. 주렁주렁 매달린 삶의 연장 줄들. 연명하는 사람들의 모습이 병실에 한가득하다. 머리는 깨어있고 몸은 마음대로 움직일 수 없는 아버님, 낯설고 생소한 환경에서 죽음을 받아들여야 한다는 일은 얼마나 슬프고 안타까운 일인지. 당신의 죽음을 예견하고 당신의 마지막 의지로 선택한 이곳이 정점인 걸까. 산다는 일이 허망했다. 죽음이 삶의 맨 마지막 과정이라면 아버님도 가족도 눈물겨운 일이다. 누군가가 말한 죽음이라는 느리고 긴 대열을 이루고 걸어가고 있는 내 가족을 보고 이웃을 보고 있다. 단단해지기 위해 견디는 삶의 통증이 정말 아프다.

숨소리

서정화 S2ksook@hanmail.net

"들숨은 가볍게, 날숨은 되도록 길게 아랫배를 등에 붙인다는 느낌으로 깊이 쉽니다."

티비 건강 프로그램에 출연한 어느 의사의 말이다.

의사의 권유대로 따라해 본다. 몇 차례 거듭하니 숨소리가 거칠게 들리며 아랫배 지방이 연소될 듯싶다.

숨소리를 집중하여 듣는다. 들숨을 통하여 폐부 깊숙이 들어간 산소는 몸속의 독소를 날숨으로 몰아낸다.

아랫배에 힘을 주며 집중하건만 생각은 엉뚱한 곳으로 빠진다.

지난해 여름 수 십 년 동안 이웃하며 자매처럼 지낸 친구가 중환자실에 입원했다는 소식은 나를 경악케 했다. 입원하기 삼일 전쯤에도 우리는 통화 했다. 오는 가을에는 설악으로 단풍 보러 가자던 그녀의 쾌활한 웃음소리가 귓가에 쟁쟁하건만.

한마디 말도, 미동도 못하고 그녀는 침상에 누워 있었다. 친구의 코에 손을 대 보았다. 가냘픈 호흡은 눈에 보이지 않는 연기처럼 손바닥에 미미한 온기를 전해주며 생명을 조금씩 연소 시킨다. 그 온기에 희망을 걸며 문병하고 돌아 나오는 길이 무섭도록 냉엄하게 느껴졌다. 병원 광장에는 유월의 짱짱한 여름 햇살이 내리꽂히고 있었다.

햇살을 정수리로 받으며 어쩌면 내가 볼 수 있는 친구의 마지막 모습과 숨소리라는 생각이 번개처럼 스쳤다.

뇌에 깊이 저장된 어떤 인상이 밖으로 튀어 나오는 데에는 순서가 없다.

뱃살 빼기 호흡 도중 갑자기 그녀의 끊어질 듯 이어지던 숨소리가 왜 귓가에 맴도는지! 눈을 감고 머리를 흔들어 그 소리를 털어내니 호흡으로 연상되는 또 다른 소리가 귀안으로 파고든다. 친구 보다 몇 해 앞서 떠난 남편의 미약한 숨소리다.

그도 꼼짝 없이 침대에 누워 그해 여름을 견뎌야 했다. 물 묻힌 거즈를 코에 살짝 얹으니 거즈가 조금씩 흔들렸다. 그가 살아있다는 증거다. 그는 태어나 그때까지 겪은 행복하거나 또는 힘겨웠던 모든 일을 접고 쉬느라 그렇게 누웠다고 나는 스스로를 설득하며 허무함을 달랬다.

철 이른 더위가 자연 훼손의 나비효과 때문일 수 있다는 언론의 호들갑이 사람들 가슴에 불을 더 지피던 그 여름 그는 들숨을 멈추고 날숨도 끊겼다. 생과 사의 경계는 한순간 극명하게 정리되었다.

육신을 이루고 있던 모든 물질은 재가 되어 사라졌다.

그러나 질량 보존의 법칙대로 재로 변한 육신은 흙이나 공기 등 다른 물질로 변화하여 이 세상 어딘가에 스며들지 않았을까.

생명을 연소시키던 들숨과 날숨, 그 가냘픈 숨소리를 내가 듣지 못한다하여 완전히 소멸되었다고 할 수는 없으리라.

태풍이 온다는 예보가 떴다.

육체를 휘돌아 세상으로 나온 친구의 날숨이 어딘가에서 태풍을 만나 내게로 찾아올지 누가 알겠는가.

거즈 수건을 미세하게 흔들며 공기 파장을 일으키던 미미한 남편의 숨소리가 광활한 하늘을 떠돌다 새 잎을 틔우는 봄바람에 섞여 내 귓가에 스며들지도 모를 일이다.

나는 아랫배에 힘을 더해 등 쪽으로 당기며 날숨을 토해 낸다. 내 몸 구석구석을 돌고 돌아 나온 공기와 숨소리가 우주 공간 가장 아름다운 곳에 머물기를 바라며.

궁금한 시나리오

추경선 choo1122@naver.com

신문 한 지면에 실린 오늘의 운세를 그냥 지나치지 못하고 확인하는 마음은 무엇일까? 안 믿는다고 하면서도 어느 날은 일부러 찾아서 본다. 좋은 내용이면 괜스레 마음이 놓이고 안 좋다는 운세면 홱 접어치운다. 다시는 안 볼 것처럼 해 놓고도 은근 신경이 쓰이는 하루를 보낸다. 살면서 아주 가끔은 내 삶의 시나리오는 무엇일까 궁금해 하고 사주팔자라는 것도 관심 갖는다. 뭔가 납득하기 어렵고 난감한 상황에 부딪히면 알지도 못하는 팔자타령을 하곤 한다. 점점 더 의존하는 경향이 많아지는 것도 부인할 길 없다. 핸드폰의 유혹도 만만치 않다. 세상 모든 정보를 다 알려 줄 듯 수북하게 쌓이는 읽을거리들이 아침을 깨운다. 대강 훑어보고 삭제하는 것이 더 많다. 호기심을 자극하는 문구에 속절없이 낚이는 일 다반사지만 원천 차단하지 않는 심리 또한 알아봐야 할 정보임에 분명하다.

<당신이 죽는 날짜와 이유를 알려 준다>는 사이트에 접속하고 말았다. 신빙성 하나 없는 것이라고 말하면서도 그냥 궁금하

다는 이유만으로 응했다. 간단히 이름을 입력하고 결과를 보는 순간, 웃겨 죽겠다 싶을 만큼 웃었다. 죽는다는데 이렇게 웃긴 것은, 황당한 결과이긴 했지만 몇 년 전 경험이 있었던 일이니, 그 기억도 다시 생각나서 웃음을 더하기에 충분했다.

'2077년 10월 21일 오전 5시 6분 5초에 자전거 타고 내리막길을 신나게 달리는데 브레이크가 고장 나 전봇대를 박고 죽습니다.'

예행연습이라도 한 듯 전봇대에 부딪혀 넘어졌던 자전거 사고가 있었다. 브레이크 고장이 아니라 폼 잡고 멋 부리다가 일어난 일이다. 길을 잘못 들어간 것을 알면서도 아닌 척 자연스럽게 돌아 나와야 한다는 생각이 앞섰다. 대형병원 정문 주변이었기 때문에 경비원의 시선이 내게로 향하고 있다는 것도 의식한 때문에 무리수를 둔 것이 화근이었다. 신기하게도 그 좁은 전봇대 중앙을 정조준한 듯 들이받았다. 정말 순간에 벌어진 일, 상상하기도 싫은 모습으로 내동댕이쳐졌다. 초능력을 발휘하듯 벌떡 일어났다. 아무 일 없었다는 듯이. 외관상 조금의 찰과상으로 보였지만 손바닥과 무릎, 아랫배에서 아리한 통증이 전해왔다. 아픈 것보다 부끄러움이 더 컸다. 널브러진 자전거보다 내 몰골이 더 웃겼을 그 상황 앞에서 괜찮다고 미소 짓는 내 얼굴을 바로 보지 못하는 경비원. 부축을 해야 할지 망설이다 흩어진 물건들을 챙겨주던 그 어색함 속에는 웃음을 참느라 꽤나 힘들었을 것이다.

한참을 자전거를 끌고 걷다 터져버린 내 눈물 위로 경비원의 웃음소리가 들리는 듯했다. 두고두고 재방송되는 기억 속의 사고였다.

간단한 호기심에 시작한 테스트가 가족들 모두 대입해보니 현실성 없는 내용이지만 묘하게 연관성이 있어 급기야 이웃, 친구까지 입력해 보았다. 친구의 결과에 또 한 번 폭소를 터뜨리면서 한편으로 소름이 돋기도 했다. 그 친구는 연필스케치를 공부한다. 취미를 넘어 전문가 수준인데 연필심에 찔려 죽는다는 결과가 나왔다. 그 친구는 연필을 다 치워버리겠다 하고, 나는 전봇대를 다 뽑아야겠다고 대책 아닌 대책을 세우며 또 한 번 웃었다.

한바탕 웃음으로 끝난 해프닝이었지만 문득문득 그 생각에 사로잡혔다. 계산해보니 115살이 된다. 그때까지 신나게 자전거를 탈 수 있을 만큼 건강하게 살다 죽을 수 있다면 전봇대 안 뽑아도 되겠다. 많이 웃은 탓이었을까 별 반찬 없는 저녁 밥상에서 과식을 하고 말았다. 건강하게 오래 살려면 조금씩 먹어야지.

희망을 말하고 싶다

조선윤 seonyun@hanmail.net

명문대학을 나왔으면 뭐하나요? 토익 점수가 850점이면 무엇합니까? 허리가 아파 척추 수술을 받았다고 하면서 앉지도 못하는 어머니의 하소연이다. 큰아들은 서울에서 내로라하는 명문대학을 나와 부모에게 언제나 큰 기대와 기쁨을 안겨주었고 작은 아들도 법과 전공을 하였는데 두 아들 서른 중반이 넘도록 취업도, 결혼도 하지 못하고 방만 지키고 있다고 답답한 심경을 털어놓는다. 높은 이상을 펼치며 야망에 차있는 젊은이들이 사회에 첫발을 내놓기도 전에 인생의 쓴맛과 좌절을 느껴야하니 이들이 설 자리는 과연 어디일까?

우연히 Census taker에 참여하게 되어서 호호 방문을 하게 되었는데 벨을 누르면 나오는 사람이 낮잠을 자다가 나왔는지 부스스한 모습의 청년들이다. 일자리를 얻지 못하고 부모에게 용돈을 타서 써야하는 그들의 고충을 말하며 힘들게 뒷바라지 해온 부모님에게 면목 없고 미안한 마음 금할 길 없단다. 듣는 마음도 심각해진다. 일자리가 많이 창출되어 취업문이 넓어져서 그들의 꿈을 마음껏 펼칠 수 있어야 하는데 이 사회에서 이들은 과연 어디로 갈 것인가?

모두가 걱정과 우려로 가득 차 있고 한숨소리만 들리는데 이 문제의 해결의 실마리는 과연 누가 풀어 줄 것인가? 경제침체로 많은 생업자도 일이 없기는 마찬가지 사회 분위기만 날로 악화하여 삭막해지는 현실을 바라보는 국민의 한 사람으로서 참담함을 금할 길 없다. 장기화한 경기침체로 경제는 흔들렸고 많은 젊은 인력들은 일자리를 찾지 못했다.

무에서 유를 창조하느라 주경야독하면서 눈물 날만큼 가난도 경험했고 어떻게 하면 지긋지긋한 가난에서 탈피할 수 있을까 고심하며 잘살아 보겠다고 이를 악물고 살았다. 지금이 있기까지 이바지한 세대라고 자부심도 가져본다. 피땀으로 고도의 경제 성장을 이룩하면서 자녀세대는 어려움 없이 자랄 수 있었다. 그래서 지금의 젊은이들은 배고픔의 설움을 알지 못한다. 보릿고개가 무엇인지도 모르고 세상살이가 어렵다는 것도 아는지 모르겠다.

가난과 무지를 물려주지 않으려고 허리띠를 졸라매면서 가르쳤는데 현실은 최고의 학부를 나와도 일자리가 없어 취업을 하지 못하니 이태백은 이젠 낯선 말이 아니다. 자기만의 노력과 특징으로 이를 헤쳐 나가는 청년들도 많지만 사회생활을 시작도 못하고 좌절하는 많은 청년 실업자들이 빠른 시일 내에 원하는 일자리를 얻을 수 있도록 청년 실업이라는 해결해야하는 중대한 과제가 우리에겐 남아있다.

백수인데도 힘들고 어려운 일은 기피하는 3D 현상으로 굴뚝 산업이 사라져 제조업공동화란 현상을 가져오고 중소기업 현장에는 인력난이 심각한데 그런 곳은 기피 하는 요즘 젊은이들의 사고가 이런 현상을 가져오는 것이 아닐까하는 생각도 든다. 모두가 엘리트자리만 고집한다면 사회의 불균형 현상은 지속될 것이고 사고가 변화되어야 한다는 지론이다. 어렵고 힘든 상황이 와도 슬기롭게 헤쳐 나갈 수 있는 젊은이들이 되었으면 하는 바람이다.

아직 피어보지도 못한 젊은이들이 마음껏 재량을 발휘하며 살 수 있는 세상이 되었으면 좋겠다. 이제는 삶의 희망을 말하고 싶다. 희망은 생의 위대한 원동력이며 행복의 문을 여는 열쇠다. 생기가 약동하는 용기의 화신이다. 도전의 세월을 이겨 고난 속에서도 용감하게 조금은 무모하게 때로는 과감하게 도전할 줄 아는 그들의 패기에 자신감 넘치는 모습을 통해 늘 싱싱함이 묻어나는 아침햇살 같은 찬란한 삶이 펼쳐지길 소망한다.

꽃차를 마시며

박경옥 beron1220@naver.com

봄이 오는 소리가 들린다. 요 며칠 바람 끝이 살갑게 감기는가 싶더니 드디어 빗방울들의 수런거림이 유리창으로 흘러내린다. 이런 날은 은근한 향기가 촉촉하게 스미는 꽃차를 마시고 싶은 충동이 인다. 오밀조밀 작은 병들이 키를 맞대고 있는 찻장 앞에 선다. 물기를 떠나보낸 꽃잎들의 얼굴이 바삭하다. 그 바삭함 속에는 들녘에서 흔들리며 품었을 햇살과 바람의 빛깔이 묻어있다. 거친 들판 혹은 숲속 나무 아래서 아침을 맞고 이슬을 머금고 때론 폭풍 같은 바람의 갈기에 몸을 맡기고 저녁 빛깔 속에 저무는 노을에 물들었을 꽃잎들의 환희가 느껴진다.

언제부터인가 새벽 산행을 하는 날에는 풀숲에 피어있는 작은 꽃을 눈여겨보는 버릇이 생겼다. 공기 오염이 없는 곳에서 이슬이 깨기 전에 따야 좋은 꽃차를 만들 수 있다는 것을 알고부터인 것 같다. 밤이 되면 꽃은 대지의 기운을 머금고 있다가 아침이면 그 기운을 내뿜는데, 밖으로 기운을 내놓기 전에 따는 꽃이 가장 맛과 향이 좋다고 한다. 사람이나 꽃이나 생명이 있는 것이면 다

휴식을 충분히 취하고 나야 정신이 맑아지는 모양이다.

이른 아침에 가장 맑은 기운을 가지고 있는 꽃잎을 따다가 응달진 곳에 잘 말리고 작은 유리병에 담아 놓는 일도 차를 마시는 것만큼 향기로운 일이다. 막내 동서가 정성껏 따고 말려서 봉지봉지에 담아 보내준 것이 많다. 꽃잎처럼 예쁜 동서의 손길이 찻물을 따를 때마다 마음 안으로 스민다. 지혜롭고 차분한 그녀의 미소가 말갛게 우러난다. 도자기 작업을 하는 그녀의 손에서는 도자기 접시가 꽃잎으로 피어나고 각종 액세서리가 나비의 날개를 달고 탄생한다. 솜씨와 맘씨가 꽃차처럼 맑다.

가끔씩 작은 일에도 자신감을 잃고 무너지고 부서질 때가 있다. 그런 날엔 봄비처럼 부드럽게 적셔주는 꽃잎차의 향기가 위안을 준다. 시들어가는 화분에 물을 주듯 점점 윤기를 잃고 퇴락해 가는 내 안의 것들을 끄집어내 생기를 불어넣기 위해 물을 끓이고 꽃잎을 띄운다. 내가 가장 아끼는 다기는 지인이 도자기를 손수 굽고 꽃잎도 그려 넣어 만들어 준 주전자 모양의 꽃잎차 전용 다기다. 이 예쁜 다기만 봐도 기울어진 내 마음이 일어서곤 한다.

작은 꽃잎의 들꽃 차를 마시면 어느 숲길에서 만난 바람에게서 묻어나던 향기가 난다. 서서히 우러나는 옅은 물빛은 일상의 소란에 뒤척이던 마음을 평온하게 가라앉힌다. 찻잔을 두 손에 감싸면 따스한 온기가 온몸으로 퍼진다. 어제까지 미워했던 k도 용서할 것 같다. 내일은 내가 더 양보하고 들꽃처럼 웃어줘야지 하고 생각한다. 나도 누군가의 위로가 되고 싶은 마음이 새순처럼 돋아난다. 설령 다시 미움이 생길지라도 차를 마실 때만큼은 나도 말갛게 우러나고 싶은 것이다. 수풀 속에 숨어 있던 달콤하고 나긋한 향기까지도 내 안에 품고 싶은 것이다.

은은한 빛깔과 향기로 마음을 다스려 주는 꽃차처럼 고운 심성을 지닌 이 가 있다. 그녀의 웃음은 늘 수줍다. 나이가 오십을 넘어선 지 오래인데 늘 한결같다. 어디서나 있는 듯 없는 듯 제 목소리를 내지 않고 곁에 있는 사람들을 고요하게 받쳐준다. 성가신 일이 생겼을 때도 마다하지 않고 먼저 나서서 소리 없이 해치운다. 그래서 늘 분주하지만 조용하다. 옅게 우러나는 생강나무 꽃차의 빛깔 같은 결 고운 심성을 지닌 그녀 옆에 있으면 너그럽고 편안해진다. 내가 감히 흉내 낼 수 없는 그녀만의 향기이기에 부러워만 할 뿐이다.

간혹 날씨가 흐리고 마음이 가라앉는 날엔 바람 부는 강가 어디쯤에서 뒤척이며 피었을 들국화의 꽃잎을 찻잔에 띄운다. 서서히 번져가는 은은한 국화의 빛깔을 기다리는 시간이 가을 저녁처럼 고즈넉하다. 연노란 찻물을 한 모금 머금어 보면 그 향기에 취해 조급한 마음이 느슨하게 풀어진다. 열을 내리게 하고 염증을 가라앉힌다고 해서 한방에서 약재로 쓰고 있는 국화차는 내가 유독 좋아하는 꽃잎 차중 하나다. 국화차처럼 깊고 그윽한 성정을 지니지 못한 나를 부끄러워하면서 차를 마신다.

가끔 장미꽃 차를 마실 때가 있다. 장미꽃 차는 이름만큼이나 화려한 빛깔이다. 작은 꽃봉오리 하나를 찻잔에 넣고 뜨거운 물을 부으면 천천히 꽃잎을 펼치면서 붉은 노을 빛깔로 우러난다. 화단에 피어 있을 때의 그 진한 향기는 없다. 화려한 찻물에 비해 차 맛은 그리 진하지 않고 제법 진중하고 맑다. 활짝 펼쳐지는 꽃잎을 보면 매혹적인 여인의 웃음 같다. 우울했던 마음이 구름 걷히듯 사라지고 일순 상큼해진다.

열린 창틈 사이로 젖은 바람 한 줄기가 숨죽이며 들어온다. 이제 저 비가 그치면 숲속에선 그윽하게 기지개를 켜는 봄꽃들이 솜털을 벗고 일어설 것이다. 말갛게 우러나는 꽃차처럼 봄 햇살도 나긋하게 창가에 배어 들것이다. 우리 삶의 언저리에도 저 꽃물 한 자락쯤 향기를 품고 배어 있을 것이다. 곁을 스칠 때 살짝 그 향기 배어나는 사람이면 좋겠다.

이삭줍기

이갑순 gabsun57@hanmail.net

시간이 참 더디게 간다고 생각했던 시절이 있었다. 지금 생각해보면 행복한 투정이지 싶다. 온전히 나 자신에게 집중하다 결혼 후 가족들에게로 스며든 시간들이 나이를 잊게 했다. 나의 시간이 이렇게 흘렀다는 게 실감 나지 않았다. 슬며시 곁에 온 환갑을 애들이 축하한다며 태국으로 가족여행을 가게 됐다. 나이가 들수록 식구들이 늘어나 가족 모두 움직이는 여행이 여의치 않았기에 설레고 고마웠다.

태국으로 목적지를 정한 것은 아들이 휴가 때마다 가는 그곳의 매력이 무엇인가 궁금했기 때문이다. 방콕 변두리에 소박한 숙소를 잡았다. 아열대 기후여서 하루에도 몇 번씩 스콜이라는 소나기가 쏟아졌다. 이곳 사람들은 워낙 일상이어서 우산도 쓰지 않고 비를 맞고 다녔다. 우리도 현지인들처럼 옷이 다 젖도록 비를 맞으며 뛰어다녔다. 참으로 오랜만에 느껴보는 비의 감촉, 옷 속으로 물기가 스며들수록 웃음소리는 더 퍼져나갔다. 살면서 자신의 솔직한 감정과 마주할 수 있는 시간들이 얼마나 있었을까.

비에 흠뻑 젖은 채 숙소로 들어온 아들과 남편의 모습이 순수한 소년 같아 등을 밀어주기로 했다. 어린 시절 이후로 처음 마주하는 아들의 등, 어른이 되느라 열심히 달려온 뒷모습이 느껴져 듬직하기도 하고 애틋하기도 했다. 서로를 이해하고 힘이 되어주려 애쓰며 가족 안에서 호흡해 온 날들이 남편의 등을 보며 동지애 같은 감정마저 일었다. 집안에서 이야기하지 못했던 소소한 일상을 편하게 나누던 태국의 밤은 잊을 수 없는 추억이 되었다.

사람 사는 모습은 비슷했다. 길거리 자판 앞에서 연신 땀을 훔치며 닭꼬치를 튀기고 있었다. 더운 곳이라 흘린 땀만큼 단백질을 보충하느라 튀김 요리가 발달한 것 같았다. 생계가 달린 가마솥 사이로 구릿빛 얼굴을 수줍게 웃으며 특유의 눈빛으로 우릴 불렀다. 얼굴빛은 자꾸만 튀긴 그것들과 닮아있었다. 괜히 미안했다. 어딜 가나 서민의 삶은 고달프지만 위대했다. 살아가는 하루하루가 빛이 나지도 않고, 이상보다 멀리 있다고 배부른 푸념을 한 내 교만이 부끄러웠다. 누구나 자신의 삶에서 견딜만한 무게를 받아들여야 행복에 가까이 갈 수 있다 했다.

내가 그곳에서 느낀 알량한 감성으로 심오한 인생의 깊이에 빠져있는 사이 방콕의 명동, 카오산로드에 어느새 밤이 초대되어 있었다. 국적, 나이, 언어도 모르는 낯선 사람들과 어울려 각자의 몸짓과 표정으로 삶을 얘기하고 있었다. 의사소통이 조금도 어색하지 않다. 세상에서 가장 완벽한 언어는 몸짓이었다. 아들의 소통 능력에 기대 각국에서 모인 젊은이들과 자유분방한 그들의 공간에서 어우러지며 나를 무장해제 시켜도 괜찮았다. 여행자는 감동할 자세가 이미 준비되어 있다고 하지 않던가.

영원히 끝날 것 같지 않은 카오산로드의 밤을 뒤로하고 한잔 마신 생맥주의 기분 좋은 취기에 마주 보며 웃었다. 어깨동무를 하고 달콤한 망고를 사서 숙소로 돌아 오 던 길, 우린 서로에게 고마워하고 있었다. 한집에 살면서도 저마다의 삶이 바쁘다는 핑계로 이방인으로 살아왔다. 4박 5일 짧은 일정이었지만 마음에 담고 있던 서로의 이야기에 집중하고 눈빛을 바라보며 마음에 귀 기울인 여행이었다.

시간은 새벽이 밝기 무섭게 아우토반 위의 버스처럼 달아나 버린다. 어영부영하다 보니 어느새 태어난 띠 자리 그곳에 다시 와 서있다. '더 이상의 삶은 없다. 나의 인생과 포옹해야겠다'는 어느 작가의 문구가 스쳐 지나간다. 행복은 결국 마음 다스리기 장거리 경주가 아닐까. 위로 보면 끝도 없이 까마득하고 아래로 보면 한없이 애처롭다. 결국 환갑이 되어서야 겨우 이 작은 이삭 하나 주웠다.

도전盜電을 멈추다

김창희 b8130@hanmail.net

오랜만에 올려다 본 하늘이 꺼멓다. 곁을 지나는 사람들은 마스크를 하고 눈만 간신히 내 놓은 채 걸음을 옮겨놓기에 바쁜 모습이다. 하늘이 거무스름한 것이 미세먼지 때문인지 날씨가 흐린 건지 잘 구분되지 않지만 어떤 이유로든 마스크로 숨을 단속하는 모습이 낯설지 않다. 답답한 마음에 올려다 본 하늘이 답답함을 가중시키고 있다.

요즘의 나는 내 덩치와는 어울리지 않는 1인승 자동차를 타고 다닌다. 환경정책과 관련하여 보조금을 받고 구입하면 작은 돈으로 살 수 있다기에 얼떨결에 신청한 것이 덜컥 당첨이 되었다. 차를 인도받은 것은 그로부터 수 개월이 흐른 뒤였다. 1인승 차를 신청한 가장 큰 이유는 북극곰이 사라질 위기에 처한 절박한 기후변화와 환경정책에 함께한다는 생각도 없지 않았지만 그보다는 지원되는 보조금에 눈이 멀어 신청했다고 보는 것이 더 솔직한 마음이다.

내 소유가 된 1인승 전기자동차는 실용적이기는 하나 여간 불편한 것이 아니다. 일반 전기자동차처럼 지정된 전기충전소를 이용할 수도 없고 가정용 220볼트 콘센트에 꽂아야 되는데, 내가 거주하는 곳은 10층이다. 차를 받고 한 동안은 자동차를 충전할 수 있는 콘센트만 보였다. 아파트 주차장과 매일 다니는 헬스클럽 지하주차장, 또는 마트의 벽면에 숨겨져 있는 콘센트 등 온통 콘센트의 위치였다. 1인승 전기자동차에 가득 충전할 경우 오백원정도의 비용이 발생한다는데 작은 돈임에도 충전할 수 있는 곳이 없어 답답했다. 궁여지책으로 운동가면 헬스클럽 지하주차장 후미진 곳에 숨겨있는 콘센트 옆에 차를 대고 허락 없이 전기를 훔쳤다. 한두 번 훔쳐 써도 말이 없기에 이제 상습적으로 꽂아댔다. 꼬리가 길면 밟힌다고 한적한 토요일 오후 여느 때와 마찬가지로 차를 대고 충전코드를 꽂아두고는 열심히 운동하고 내려와 보니 경고문이 작은 차의 창 전체를 뒤덮고 있었다.

'앞으로 한번만 더 여기서 충전을 하면 행정조치 할 것임'

떨어지지도 않을 만큼 강력한 접착력을 자랑하는 스티커를 제거하며 씩씩거리고 있는데, 저 멀리서 관리인이 옷소매를 걷어부치며 뛰어와 "당신 차 때문에 내가 얼마나 곤란했는지 아셔"라며 목청을 높였다. 벌겋게 달아오른 얼굴로 나는 "죄송해요 아저씨"를 연발했고 이제 다시는 여기서 충전하는 일은 없을 것이라며 비굴스러운 자세로 미안함을 표시했다. 다음날 훔쳐 쓴 전기

값을 대신해 사 들고 간 음료수를 아저씨에게 안기며 미안한 마음을 녹였다.

가장 쉽게 충전할 수 있다고 광고한 1인 자동차가 아파트생활을 하는 내게는 가장 취약한 차가 되었고 현실과는 차이가 많았다. 전원생활을 많이 하는 유럽형 자동차라는 것에 생각이 미치자 잘 알아보지 않고 신청부터 덜컥해버린 자신에게 화가 났다. 차와 집과의 거리가 가까워야 충전을 할 수 있는 것이다. 보조금 욕심에 덜컥 신청하여 선택된 나도 나지만 이런저런 설명을 해주지 않았던 행정기관에 대한 원망이 생기기 시작했다. 이런 원망을 조금이라도 탓으로 돌려보려 해당 기관으로 전화를 걸어 이러고저러고 불만을 터트렸더니 대뜸 "아니 차를 사시면서 그런 것도 고려하지 않으셨어요?"한다. 이리저리 눈치만 받고 되는 일이 없으니 참 난감할 노릇이다.

자동차를 세워둘 수는 없고 또 다른 '도전'이 시작되었다. 도전盜電이란 전기를 훔치는 일인데 딱히 방법이 없어 내가 살고 있는 아파트 지하주차장 모퉁이의 콘센트를 찾아내기 시작했고 가장 후미지고 다른 사람들 눈에 잘 띄지 않는 곳에 차를 주차하고 또 다시 도전을 시도했다. 이곳에서의 못된 짓도 오래가지 못하고 들통이 나고 말았다. 제발 220볼트의 가정용 전원 콘센트를 연결해 주오. 전기만 쓸 수 있다면 대가를 지불하고 떳떳하게 충전하고 싶으오. 천덕꾸러기 신세가 된 최신형 1인승 전기차가 무용지물이 될 지경이다. 도전盜電을 멈추려면 충전을 위해 1층으로 이사를 해야만 할 형편이다. 실소를 금할 수 없는 엄청난 횡재실수다.

다행스럽게 월 만원을 지불하고 충전할 곳을 어렵게 찾았다. 1인승 전기자동차를 한 번 충전하는데 드는 전기요금이 오백 원 정도라고 하니 운행거리가 얼마 되지 않는 내 전기자동차 충전 비용인 월 만원은 누이 좋고 매부 좋을 금액이 아닐까 싶다. 마음 편히 타고 다니고 있는 요즘 생각은, 기후변화로 인해 사라질 위기에 처한 북극곰 살리는 일에 작게나마 동참하고 있다는 마음이다. 작은 실천 뿌듯한 마음은 도전盜電을 멈추게 되면서부터 드는 반듯한 생각이다. 충전할 곳을 찾으니 그로 인한 스트레스가 없어진 것은 물론이며 매연을 뿜어내지 않는 작지만 알토란 같은 1인승 차에 애정이 담뿍 담기는 중이다.

걱정 말아요 그대

윤미경 y601026@hanmail.net

나는 초코 브라운 색 6인용 소파입니다. 내 주인은 거실에 놓을 거라며 공장에 직접 주문했지요. 특별 제작해 천연소가죽으로 튼튼하게 태어났어요.

등 발 좋은 소가죽 소파에 흡족한 식구들이 엉덩이를 깊숙이 밀어 넣고 앉아 있습니다. 그 자신감은 내 착각이었나 봐요. 냄새나는 엉덩이를 받쳐주는 고마움은 조금도 아랑곳하지 않고 거실 벽에 걸린 대형 TV 예능프로에 푹 빠져 있네요. 소 등심에 갈비까지 배불리 먹고는 소파에 모여 앉아 커피와 과일에 물 방귀를 뀌대니 가스에 취해 여러 날 몽롱했어요.

내 주인의 시어머니는 식구가 모두 외출하고 혼자 있을 때가 많습니다. 딱히 취미도 없고 경로당이나 친지, 팔 남매나 되는 자식 집 등 그 어디도 가는 일이 없답니다. 오로지 큰 아들네 안방에서 거실 소파까지만 왔다갔다 하구요. 집안 청소는 베테랑입니다. 매일 닦아도 먼지가 뽀얗다며 먼지털이로 살살 털면 될 것을 나를 통나무 장작인 양 무작정 두들겨 팹니다. 특히 며느리가 병원에 가자고 하는 날이면 더 심하게 두들기며 내게 화풀이를 합니다.

그렇게 날 두들겨 패다시피 했으니 피곤도 할 겁니다. 실컷 때려 놓고 나를 등지고 누워서는 '드르렁 드르렁' 코를 곱니다. 가끔은 따뜻한 물이 담긴 대야에 발을 담고 앉아서 졸기도 해요. 배에는 찜질팩을 얹고 리모컨을 꼭 쥐고 드라마만 골라서 봅니다. TV드라마에 빠져 혼자 말에 가끔 불륜 장면에는 거침없는 욕도 하지요. 아주 시끄럽긴 해도 덕분에 심심하지 않답니다. 얼마 전부터는 새벽부터 방을 나와 내게 누워 전신이 아프다며 뒤척이는 통에 나도 몸살이 날 지경이었어요.

요즈음 할머니 큰 아들은 바람이 난듯해요. 밤늦게나 집에 들어와 잠 만 자고 나가는 통에 까치발 뛰고 걷는 소리밖에 들을 수 없네요. 아마 그런지도 모르겠어요. 가끔 집에 오면 다른 식구들 몰래 낯선 여자 목소리와 통화를 하는 것 같아요. 내가 할머니랑 아침 연속극을 많이 본 탓인지 모르겠어요. 서당 개 삼년이면 풍월을 읊는 다잖아요. 예감은 예감 일뿐 증거가 없으니 내가 폭로를 할 수도 없고 말이죠. 남의 가정사니 모른 척 할래요.

초년부터 외국 생활로 정들 새 없던 이집 큰 손자는 여전히 하는 일이 많다고 안 보여서 궁금했는데 곧 결혼을 한다네요. 상냥한 손자며느리 감을 데려와 인사 시키네요. 소파에 앉히길 바랐지만 어느새 주인은 레이스방석을 가져와 앉히네요. 나는 몹시 서운했어요. 내 온몸으로 예쁜 손님을 맞으려고 단단히 마음먹고 있었는데 서운하지만 이해하기로 했어요.

시집간 손녀딸은 신혼집 소파가 더 맘에 드나봅니다. 어쩌다 키 큰 남편과 와서는 내게 엉덩이 붙이기 무섭게 간다고 나서네요. 그런데 이집 손녀사위 다리는 정말 길어요. 장모인 할머니 며느리는 나한테 앉으면 다리가 땅에 달랑달랑하는데 사위다리는 쭉 뻗고도 탁자를 건드리니 말 이예요.

어느 날 어머니는 평소처럼 나를 침대삼아 낮잠을 자는 것 같았어요. 큰일 났네요. 갑자기 식은땀을 흘리고 춥다 덥다 하더니, 이불을 덮었다 걷어찼다 하는 통에 나도 덩달아 열이 났답니다. 그러게 진작 병원에 갔어야 했는데, 결국 할머니는 며느리 등에 업혀 병원으로 갔습니다.

그 후 주인 어머니의 푸근한 온기를 느낄 수 없었지요. 슬프고 보고 싶지만 영원히 아프지 않는 곳에서 사시길 빌어 봅니다. 어머니가 없으니 오가던 친지들 발길도 뜸해졌어요. 도통 사람구경을 못하겠어요. 종일 빈집을 지키려니 방귀냄새가 그리워질 만큼 외로웠답니다.

몇 달 후 하얀 털에 눈망울이 초롱 한 꼬마 강아지가 나타났어요. 쥐방울만한 것이 네발로 종종거리며 여간 바지런한 것이 아닙니다.

참 귀엽긴 했지만 주인은 난 잘 닦아주지도 않고 강아지만 쓰다듬고 예뻐하니 어쩌면 좋아요. 즐겨보던 TV방송도 마다하고 강아지 운동시킨다며 산책 다니느라 내게 엉덩이 한번을 붙이질 않네요.

바깥구경에 운동 나가는 강아지가 한없이 부러웠어요. 오늘은 강아지가 무리한 산책을 했는지 코까지 골며 자네요. 팔자 좋은 놈이 먹을 복도 터졌네요. 통조림에 육포간식까지 개 팔자 상팔자라더니 주인은 퍼주기도 잘합니다.

어느 날 더욱 어이없는 일이 생겼어요. 주인이 외출하면 이 조그만 강아지가 내게로 폴짝 뛰어올라 온답니다. 나를 소등 짝 쯤 되는 줄 착각하나 봅니다. 날카로운 발톱으로 구석구석 할퀴니 상처 날까 두렵기만 합니다. 어쩌다 주인이 흘린 커피가 잘 안 닦여 끈적끈적 했어요. 귀여운 놈이 부드러운 혀로 핥아 주는 통에 간지러워 웃음이 절로 났답니다. 할머니가 병원 가시던 날 이후 참 오랜만에 웃어보았네요.

강아지는 주인이 돌아오는 발자국 소리가 나면 쏜살같이 현관문 앞으로 뛰어갑니다. 종일 주인을 기다렸다는 듯 꼬리 치며 반가워 합니다. 강아지 털을 쓴 여우같은 놈입니다. 주인 어머니 다음으로 나를 귀찮게 하긴 해도 가끔 웃게 해 주는 귀여운 놈이라

미워 할 수 없네요.

참 인생사가 좋은 일 있음 또 안 좋은 일이 겹쳐오나 봅니다. 요즈음 우리 주인이 강아지 산책도 미루고 여기저기 아프다며 나만 의지합니다. 철없는 강아지는 영문도 모르고 산책 가자고 안달이 났네요. 철든 나는 점점 시어머니를 똑 닮은 주인의 행동에 슬퍼집니다. 아 이런 내 슬픔은 잠시였네요. 어제 밤에 주인 남편이 주문했던 전자동 의료 소파가 배달되어 떡 하니 자리 잡고 있네요. 주인이 나보다 알파고 닮은 같은 소파에 푹 빠졌네요. 난 또 언제나 주인의 방귀 구수한 냄새를 맞아볼 수 있을까요. 하지만 걱정 안 해도 될 것 같아요. 주인 남편의 바람이 잦아들었나 봐요. 일찍 들어와 나에게 대포 방귀세례를 퍼붓고 있네요.

아버지와 모란

성윤숙 Song-ga03@hanmail.net

분명 아무도 눈치 채지 못하게 울컥하는 머뭇거림이 있었던 것 같다. 그 날, 우연히 들린 갤러리에서 이야기가 있는 우리그림 민화 '모란'과 마주하는 순간, 오래된 찡한 추억 하나와 지난 오월에 묻어둔 여행지에서 있었던 기억들이 되살아났다.

모란꽃 예찬론자이셨던 아버지는 능암 고향집에서 상주 읍내에 있는 초등학교로 이십 리 비포장 길을 자전거로 출퇴근하셨다. 어린 내 기억 속에는 추운 겨울이 끝나고 계절이 바뀌면서 봄꽃들이 막 피어날 무렵부터는 유난히 술에 취해 귀가하는 날이 잦으셨던 것 같다. 그런 날이면 마을입구 양조장 앞에서부터 탈탈거리는 자전거소리와 영랑의 시詩 '모란이 피기까지'를 혼자 흥얼거리며 오시곤 했다.

봄이 무르익어 밥사발 만큼이나 크게 활짝 핀 붉은색 모란꽃 앞에 다다르면 아버지의 표현은 절정에 달했다. '모란이 뚝 뚝 떨어져 버리면'이 구절에 와서는 하필이면 '뚝 뚝'이어야 되는지를 구체적으로 설명하시곤 했는데, 모란꽃 앞에서 시를 읊조리는 모습이 어린나이였던 나의 눈에도 꼭 모란의 숭배자처럼 보여지곤 했다. 그럴 때면 성가신 재촉도 없이 등 뒤에서 조용히 웃고만 서 계셨던 어머니… 만개한 모란이 사흘도 가지 않아 수명을 다한다는 사실은 나중에 알게 되었다.

그래서인지 토요일 해거름이면 서둘러 동네 친구분들을 다 모셔다 놓고, 모란이 잔뜩 피어있는 마당가에 아예 멍석을 깔고 막걸리로 건배를 하며 영랑의 시를 통째로 설명하시곤 했다. 그분들이 바쁘고 바쁘지 않고는 아버지와 아무런 상관이 없었다. 막걸리 잔이 유쾌하게 돌면서 웃음소리가 마당 가득 했었는데, 지금 생각해보니 그건 순전히 그분들에겐 고문이었던 것 같다.

아버지가 돌아가시고 훨씬 뒤에야 하게 된 생각이지만, 어려웠던 시절이었으니 아버지의 시평詩評회보다 공짜로 마실 수 있는 막걸리 한 순배에 마음이 더 가지 않았을까 싶다. 늘 농사일만 하셨던 친구분들이 해마다 되풀이 되는 모란꽃 잔치를 얼마나 이해했을까. 아버지는 모란꽃에 무슨 사연이 있어서 그토록 절절하셨을까…

지난봄 남도여행 중에 들렀던 강진의 영랑생가에서, 마당이며 장독대 주변으로 풍성하게 피어 있는 모란꽃사이로 짧고 굵게 살다 가신 젊은 아버지의 얼굴이 오버랩되어 그리움 때문에 목이 메었다. 봄볕이 나른했던 그날, 영랑의 사랑채 마루에 앉아 생각해보니 아버지의 삶속엔 설명 할 수 없는 뭔가가 항상 맴돌고 있었던 것 같았다. 척박한 환경 속에서도 끊임없이 세상을 보러 다니셨던 아버지…

교사가 되기 전 오지로 들어가 야학을 열어 눈 먼 젊은이들에게 한글을 깨우치게 했다는 얘기를 들었을 때는 심훈의 상록수가 떠올랐다. 손수 흙벽돌을 찍어 마을의 공동목욕탕을 지으셨던 아버지는 농촌계몽가로도 사셨던 것 같다. 늘 한 걸음 앞서 가셨던 아버지가 큰 꿈을 뒤로 미룬 채 한 가정을 꾸려나가야 했던 안타까움, 재능이 많으셨던 아버지는 혹시 큰 예술가가 되고 싶었던 게 아니었을까. 두 오빠를 데리고 피난을 가는 중에서도 풍경스케치와 간단한 메모로 화첩처럼 남겨놓은 한권의 바랜 수첩이 그런 생각을 하게 만든다.

모란이 만개하는 오월을 온통 방황으로 보내셨던 아버지의 피가 내게도 흐르고 있는 건 아닐까. 나도 언제부턴가 봄이 되면 폭발할 것 같은 내면의 뭔가가 꿈틀대고 있으니. 여전히 고향집 마당엔 해마다 붉은 모란이 탐스럽게 피고 있다. 모란의 주인은 가고 없지만 그 뒷모습을 사랑한 어머니께서 등불이 되어 홀로 세월을 지키고 계신다.

무한도전

송주형 nabi5911@hanmail.net

42.195…

이 숫자를 머리에 그리는 순간 나는 설렌다. 심장이 빨라지고 손과 발에 힘이 들어간다. 눈앞을 응시하며 어디로 가야 될까? 어느 코스가 좋을까를 생각하면 몸이 뜨거워진다.

달리기를 시작한 지는 약 20년이다. 처음 시작할 때는 40대 초반으로 일 년에 3-4회를 뛰었다. 그 때는 봄날 날아다니는 나비와 같이 몸이 가벼웠다. 2015년 중앙마라톤을 끝으로 2016년부터는 관절에 무리가 온다는 이유로 쉬었다.

어느 날 신문에 나온 춘천 마라톤 광고를 보는 순간, 나도 모르게 심장 박동이 빨라지며 쿵쾅거리는 숨소리가 내 귀에 들려왔다. 달리고 싶다는 본능이 작동하였다. 놀라 정신을 차리고 내 자신을 보니 어느새 대회 접수를 하고 있었다.

대회는 두 달 후였다. 접수 다음 날부터 몸의 반응을 느껴 보려고 배낭을 메고 달리기를 나섰다. 집에서 신원 역까지 달렸다.

32Km를 4시간에 달렸다. 다행히 다리에 쥐도 나지 않고 옛날의 감각이 살아나는 듯했다. 뭔가 잠자고 있던 내 몸의 감각들이 하나씩 옷을 벗으며 움직임을 시작하는 느낌이다.

대회 날이 많이 남지를 않아 훈련의 강도를 높여야 했다. 본격적인 훈련에 돌입해야 되는데 몸 상태가 좋지 않았다. 갑자기 추워진 날씨에 감기와 함께 몸살이 왔다. 중압감이 엄습해왔다. 이렇게 시간을 보내면 안 되는데 하는 조바심이 일었다. 약을 먹고 주사를 맞으며 최상의 컨디션을 만들려고 공을 들여도 몸은 쉽게 낫지 않는다. 이십여 일을 아무것도 하지 못하고 보내야 했다.

뛰지 못하니 천천히 걸으려 한강변으로 나갔다. 저만치에서 한 사람이 귀에 이어폰을 끼고 경쾌한 발걸음으로 힘차게 달려간다. 직감적으로 춘천마라톤을 준비하는 사람이라 느꼈다. 몹시 부러웠다. 한참을 걷고 있는데 반환점을 돌아오는 그 사람과 다시 만났다. 더는 참지 못하고 말을 걸었다.

"춘천 마라톤 신청 하셨습니까?"

"열심히 하세요." 뛰는 모습이 아름답게 보인다.

다음 날부터 천천히 아주 천천히 달리기를 시작하였다. 느린 달리기, 빠른 달리기, 언덕 달리기, 내리막 달리기, 자전거타기, 산행 등을 교차하는 연습 스케줄을 짰다. 대회 일주일 전. 덕소에서 시작하여 팔당, 미사리를 거쳐 광진교까지 40Km를 4시간30

분에 완주하였다. 이 정도면 출전 준비 완료. 대회 전날까지는 몸 관리와 식이요법만 하면 된다. 몸에 문제만 생기지 않기를 빈다.

마라톤 풀코스는 보통 사람은 4시간이 넘는 시간을 뛰어야 한다. 4시간 서 있는것도 힘들다. 그냥 걷기만 해도 다리와 허리가 아프다. 그런데 4시간이 넘는 시간을 뛰어야 하는 자신과의 싸움이 계속되는 인내의 운동이다. 똑같은 행동을 수천 번 수만 번 계속하기 때문에 옷에 유두가 쓸려 마라톤이 끝나면 유두에 핏방울이 맺힌다. 이 모든 아픔과 고통을 혼자 느끼며 달리는 숭고한 운동이다. 달리기에는 어떠한 요행도 속임수도 있을 수 없다. 오직 연습하고 노력한 만큼의 결과가 있을 뿐이다. 정직한 운동이다. 35Km 지점 이후에 느껴지는 고통은 달려 보지 않은 사람은 논할 수 없다. 그때쯤 되면 모두 마라톤 대회를 접수한 자기 자신을 원망하게 된다. 내가 뭐하려고 이 짓을 하나. 달리기 초반에는 분위기에 취해서 시끌벅적 하던 주자들도 모두 말이 없어지고 조용해진다. 오로지 헐떡이는 숨소리만 들릴 뿐이다. 인생의 희로애락이 모두 마라톤에 녹아 있는듯하다. 누가 강제로 시켜서는 절대로 할 수 없는 운동이다. 오직 자기 자신과의 싸움인 극기이다.

파란만장 우여곡절 끝에 골인 점을 통과하면 기록은 중요하지 않다. 오직 완주 했다는 희열과 기쁨은 말로 표현할 수 없을 만큼 크다. 뭔가를 이루어 냈다는 자신감과 성취감에 휩싸인다. 그동안의 중압감과 고통에서 벗어나는 순간 바로 눈앞에 들어오는 것은 다음 대회를 알리는 홍보 전단지이다. 절룩거리며 걸어가 힘겹게 움켜쥐면서 속으로는 '킥킥킥' 웃는 그 모습! 그것이 바로 나의 모습이다.

인생에서 한번쯤 도전해 볼만한 가치가 있는 일이 아닐까? 버킷리스트에 적어 볼만한 일이라 생각한다. 누구나 삶의 지향 점과 가치관은 다르겠지만, 마라톤을 통해 세속에 찌든 내 몸과 마음을 흘러내리는 땀과 함께 씻어 버린다는 생각으로 뛰면 어떨까? 인생은 무한 도전이다.

오디에 물들다

안해영 anhaiyoung@daum.net

여름으로 향하는 6월의 산과 들이 싱그러웠다. 여학교 때 친구인 성이의 집 가까이 이르러 전화를 넣었다. 벌써 농협 앞에서 기다리고 있단다. 소도시의 도로는 붐비지 않았다. 멀리 농협 간판이 보이고 그 앞에 흰색 트럭 한 대가 서 있는 것 외에는 더없이 한가한 풍경이다.

여의도 둘레에 벚꽃이 눈부시던 날, 동창회 총무한테 남겨 놓은 연락처로 동창회가 열린다는 소식이 왔다. 친하게 지냈던 자야와 성이의 소식이나 알 수 있지 않을까? 하는 막연한 기대로 나가면서 좋은 일이 있을 것만 같던 예감대로 자야를 만났다. 자야와 동시에 말이 나와 마주 보며 웃었다. "성이 연락처를 아니?" 다행이 동창회 명부에 성이 연락처가 있었다.

한 달쯤 지났을까 자야의 전화번호가 핸드폰 창에서 깜빡였다. "성이, 만나 볼까?" 강산이 세 번 변한 후에 성이의 연락처를 알았는데도 선뜻 전화를 못 하고 한 달이 넘도록 망설임은 무슨 이유였을까? 삼십 년은 아이들이 커서 새로운 가정을 꾸리는 시간이 아니던가.

성이에게 연락을 했다. "나 영이야. 동창회 나가서 연락처 찾았다." 느닷없이 보낸 문자라 답이 올까 망설였는데, 놀랍게도 답이 금방 왔다. "어머나, 반갑다. 나 동창회 한 번 갔었어. 너희들 연락처가 없더라." "우리 만나자." "요즘 바빠서 서울까지 가기 힘든데 어떡하지?" 성이는 고향에 있다고 했다. 그날부터 하루 몇 차례씩 궁금증이 가시지 않았다. 삼십 년의 시간이 우리를 어떻게 변화시켜 놓았을까?

성이는 시험 점수가 잘 나와야 한다고 안달하지도 않았고, 교복 치마 길이도 무릎 아래서 찰랑대던 모범생 타입이었다. 귀밑 1cm의 머리 길이와 규율을 잘 지키던 성이는 순박한 유학파(?)로 나처럼 시골티를 벗지 못한 촌뜨기 여학생이었다. 서울로 유학 온 동병상련 때문이었을까? 성이를 만나고 싶었던 것은.

"담뱃잎이 우박을 맞아 다 구멍 났어. 이걸 어쩌면 좋아." 며칠 전 주소를 묻느라 통화할 때 수화기 너머에서 들리던 말이 언뜻 떠올랐다. 트럭 운전석에서 누군가를 기다리는 듯한 시선에 "너? 성이?" 성이도 놀라며 트럭 문을 열고 뛰어내렸다. 성이가 농협 앞에 세운 트럭 안에 있으리라고는 상상도 못 했다. 자야와 나는 성이가 운전하는 트럭 뒤를 따라갔다.

성이는 일하던 담배밭으로 우리를 데려갔다. 담배 꽃대를 제

때 꺾지 않으면 영양이 담배잎으로 골고루 가지 않는다며 담배 꽃대를 툭툭 꺾었다. 챙이 넓은 모자 밑에 헐렁한 일 바지를 입고 토시를 낀 모습에 여학교 때 성이는 없었다. 약통을 짊어진 일꾼들이 성이의 지시를 받으며 돕고 있다. 담뱃잎과 줄기 사이에서 곁가지가 나오지 못하게 성장 억제제를 뿌리는 것이란다.

밭둑에 까맣게 익은 오디에 묻힌 뽕나무 한 그루가 있었다. 뽕나무는 어디서든 잘 자라나 보다. 내가 자란 고향에도 뽕나무는 지천이었다. 성이는 일을 하고 자야와 나의 손과 입술은 보랏빛이 되어 갔다. 오디 즙에 물들었던 추억이 보랏빛으로 입가에 번졌다. "오디 따먹고 벌 받았던 일 생각나니?" 파랗게 물든 입술을 보며 "지금 겨울이냐?"고 묻던 선생님 생각이 나서 "까르륵' 웃었다. 성이가 일이 끝나기를 기다리는 동안 뽕나무 가지의 오디도 많이 줄어들었다.

일꾼들이 간식을 먹는 사이 성이와 우리는 노송 그늘에 앉았다. 고향에 내려와 우연한 기회에 얻어 탄 트럭이 남편을 만난 계기가 되었다고 했다. 트럭 기사는 명랑한 성격의 도시에서 공부한 아가씨를 며느릿감으로 점찍었던 것일까? 얻어 탄 트럭의 인연으로 트럭 운전기사가 시아버님이 되었다고 했다. 시아버지의 추천으로 부녀회장까지 맡아 농한기에도 쉬지 못하고 바쁘단다.

인부들이 담배밭 일을 끝낸 듯해 이번에는 성이 남편이 일하는 인삼밭으로 갔다. 하지 무렵의 햇살은 뜨겁고 따가웠다. 인삼밭에서 일하던 남편을 보니 성이가 농촌에 머물게 된 이유를 알 것 같았다. 영농 후계자 남편은 특용작물 재배에 일가견을 가지고 있었다. 땅을 일구며 트럭을 몰고 들판을 누비는 농촌 아낙 성이가 듬직했다.

"나 많이 늙었지?" "아냐, 하나도 안 늙었어!" 검게 탄 성이에게 던진 위로였으되 오랜만에 펼친 학창 시절의 한 자락이기도 했다. 집으로 돌아오는 차 안에서 자야와 나는 오디에 물든 서로의 입술을 보며 '까르르' 웃었다. 그 옛날 여학생 때처럼. 어쩔 수 없이 다시 성이를 떠올리며.

나는 왜 쓰는가

최선자 pado1118@daum.net

스륵 스륵. 사무실 프린트기에서 소설수업 강의 자료가 인쇄되어 나온다. 혹시? 기계를 덮어 놓은 커버를 살짝 들고 빨간 불이 들어왔나 확인한다. 아직은 토너에 이상이 없다. 요즘 프린트를 너무 많이 했다. 과제와 합평 작품, 강의자료…. 4주 동안 공인중개사인 내가 일 년간 쓴 계약서 보다 더 출력했다. '나 지금 뭐하는 짓이냐?' 그래도 어쩔 수 없다. 내가 가야 할 길이 이제 얼마나 남았는지 모르니까.

나는 왜 글을 쓰는가. 새삼 자신에게 물어볼 일도 아니다. 특히 소설 쓰기는 이미 분명한 목적을 가지고 있었다. 이 나이에 언감생심 소설가가 되고 싶다는 생각은 추호도 없다. 치유의 글쓰기. 그 흔한 이유로? 남들이 들으면 웃을지도 모른다. 하지만 지금쯤 정신병원에 입원해 있을지도 모르는 내가 예술대학원에서 소설을 공부하고 있으니 달리 할 말이 없다.

우연한 기회에 글을 쓰기 시작했다. 시도 모르고 시를 쓰기 시작했으며, 수필의 정의도 모르고 수필을 쓰기 시작했다. 나는 오년 전까지 학력이라고는 초등학교 졸업이 전부였다. 내가 시를 쓰고 수필을 쓴 것은 어쩌면 운명인지도 모른다. 시를 공부하다 보니 잠들었던 향학열이 깨어났다. 검정고시로 중, 고등학교 졸업자격을 취득하고 방송통신대학교 국어국문학과를 졸업했다. 글을 쓰려면 조금이라도 알고 쓰자는 생각이었다.

시라는 이름으로 수없이 쏟아 놓은 언어들. 어느 날, 자세히 들여다보니 은유를 뒤집어쓴 상처들이었다. 시의 그릇에 담을 수 없는 상처는 수필의 그릇에 담았다. '몽당연필'이라는 수필은 친정엄마 이야기다. 우리 엄마는 청각장애를 가지고 있었다. 엄마, 아빠를 부르며 말문이 열리던 시기에 홍역을 심하게 앓고 나서 청력을 잃었다고 한다. 허공에 문장을 쓰시던 노년의 엄마 손을 몽당연필에 비유해서 글을 썼다.

대학교 재학시절 기말시험이 끝나고 고생했다며 아이들이 여행을 보내주었다. 나 홀로 떠난 첫 여행지는 강릉이었다. 버스정류장에서 있었던 일이다. 얼마나 일을 많이 했는지 손톱이 자라지 않은 낯선 할머니의 손을 본 순간 나도 모르게 덥석 잡고 만졌다. 빙그레 웃으며 내 얼굴을 바라보던 할머니는 청각장애인이었다. 눈시울이 뜨거워졌다. 집에 돌아와서도 며칠 동안 가슴이 먹먹했다. 글로라도 풀지 않으면 도저히 견딜 수 없었다. '몽당연필'에는 행간마다 눈물이 흥건히 고여 있다. 내 글쓰기는 그런 식이었다.

수필의 그릇에 담을 수 없는 상처를 소설이라는 그릇에 담고 싶다. 크기만큼 다른 그릇. 물레를 돌리고 또 돌리다 보면 나만의 그릇이 완성되리라 믿는다. 건강을 해칠지도 모르지만 욕심을 부린다. 서툰 솜씨로 빚어낸 그릇은 내 상처의 무게를 견디지 못할까 봐 불안하기 때문이다. 나와 똑같은 상처를 안고 있는 사람은 아마 소수일 것이다. 아니, 아예 없을지도 모른다. 누군가가 내 글을 읽고 희망을 품기를 간절히 바라는 마음으로 소설을 쓸 것이다. 단 한 편이라도 상관없다.

생각을 굳힌 것은 지난겨울이다. 대학교 동기가 가을부터 대학원에 진학하라고 성화였다. 이 나이에 공부를 더 해서 뭐하냐며 싫다고 했다. 그래도 동기는 포기하지 않았다. 문예창작학과에 가라고 부추겼다. 나는 한술 더 떠서 경제적인 문제도 있다고 거절했다. 자기가 학비를 지원해 주겠다고 나섰다. 남편이 사업하는 사람이지만, 쉽지 않은 일이다. 내 독자로서 도와주겠다는 말에 울컥했다.

사십 년 넘게 일기 한 줄 쓰지 않았다. 독서도 마찬가지다. 글쓰기 시작하고 장르를 가리지 않고 300권 가까이 책을 읽었다. 소설은 줄거리만 따라가면서 속독했다. 이제야 정독하면서 내 식의 독서 노트를 쓰기 시작했다. 그런데 한꺼번에 읽어야 할 책이 너무 많다. 줄거리도 모르면 수업시간에 곤란하다. 다시 속독해야 하나 고민 중이다.

내가 소설공부에 매달리는 이유를 주위에서는 제대로 모른다. 아직 내 상처를 속속들이 모른다는 뜻이다. 그동안 진솔하게 써온 수필에서조차 상처의 변방만 빙빙 돌았다. 언젠가 고백할 픽션을 가장한 진실. 소설 그릇을 완성해야 하는 두 번째 이유다. 나는 계속 글을 쓸 것이다. 가여운 내 영혼을 위해서. 나의 꿈을 위해서.

선풍기

윤영순 Sundae03@hanmail.net

꽃망울도 터지기 전, 남편은 벌써 더위 걱정이다. 작년 가을에 갈무리해 두었던 낡은 선풍기를 들고 나왔다. 가볍고 산뜻한 걸 두고 투박하고 녹슨 것이라니. 내 면박에도 굳이 익숙한 것이 좋단다.

신혼 초, 몇 십 년 만의 무더위라 했다. 폭염과 열대야에 밤잠을 설치던 남편이 퇴근길에 선풍기를 사러 가자고 했다. 둘이서 읍내를 다 뒤져도 가게마다 물건은 이미 동이 났다. 이른 시일 내에 구해 달라는 부탁과 함께 보증금을 주고 나왔다. 버스정류장을 향해 걷던 남편이 갑자기 좋은 생각이 났다며 오던 길을 되돌아갔다. 콧노래까지 흥얼거리며 들고 온 것은 환풍기였다. 환풍기와 선풍기는 회전 원리가 똑 같아 방향만 바꿔달면 시원할 것이라고 했다.

막상 환풍기를 천장에 달아보니 모터소리만 요란할 뿐 기대하던 바람은 머리카락 하나도 날리지 못 했다. 천장과 거리가 먼 탓이라며 벽에도 걸어보고 양옆에 책을 괴어 기대놓기도 했으나, 생각만큼 바람이 세지 않았다. 그렇게 부스댔으니 온 몸은 땀으로 샤워를 한 듯했다. 오죽 더우면 저럴까 가엾기도 하고 한편 속웃음도 나왔다. 그날 남편은 환풍기를 얼굴에 들이대고 밤을 새우다시피 했다.

선풍기는 우리 집에 들어와 쉬는 날도 없이 일을 했다. 더위 많이 타는 남편 곁에서 이른 봄부터 늦가을까지 밤낮을 가리지 않았다. 뿐인가. 연년생 아이들의 이마와 엉덩이 땀띠도 그 바람이 잡아주었다. 장마철 기저귀와 습하고 퀴퀴한 냄새도 알뜰하게 해결해 준 충직한 일꾼이었다.

어느새 만난 지 사십 년. 기계의 수명치고는 고령인 셈이다. 여기저기 녹이 슬고 가랑가랑 가래 끓는 소리도 났다. 언제부턴가 고정을 해도 시나브로 선풍기 목이 내려가더니 아래로 떨군 채 돌고 있었다. 생이 멈추는 날까지 자신의 의무를 다하겠다는 다짐일까 어쩌면 제 몸에 수많은 상처를 새기면서 돌고 도는 게 천직이라 믿기 때문인지도 모르겠다. 그걸 볼 때마다 마음이 불편하고 짠한 것은 연민이리라.

선풍기는 무생물임에도 사람의 삶과 참 많이 닮아 있다. 누가 알아주지 않아도 묵묵히 자기의 일을 수행하는 사람. 어느 쪽에도 흔들리지 않고 중심을 지키는 사람처럼 늘 한결같다. 자신보다 남을 위해 헌신하고 봉사하는 사람 같다면 지나친 비약일까.

얼마 전 남편이 갑자기 팔다리가 저릿저릿하다며 쉬는 듯 누웠다. 단순한 혈액순환 장애인 줄 알았는데 그게 아니었다. 나이 든 사람들이 시한폭탄으로 여기는 뇌경색이었다. 환자를 태워 검사실 아래 위층을 오르내리는데 핏기없이 누워있는 남자가 낯설게 느껴졌다. 항상 가족들 뒤에서 묵묵히 자리를 지켜주던 남편이 주저앉고 나서 정신이 번쩍 들었다. 한때는 태산도 옮길 만큼 패기와 열정이 넘쳤던 사람. 가정과 사회구성원으로 누구보다 열심히 살았던 사람이다. 검사 결과 혈관이 순간적으로 막혔다가 후유증 없이 지나갔지만, 언제든 다시 올 수 있다고 했다. 건강에 자만하지 말라는 경고였나 보다. 나무토막처럼 뻣뻣하게 굳은 손을 따뜻한 물수건으로 닦아 주며 온기가 돌기를 바랐다. 오늘 문득 낡은 선풍기에서 우리들의 자화상을 보는 듯하다.

남편은 선풍기 나사를 풀었다. 머리 부분에 낀 묵은 먼지를 닦아내고 기름칠을 했다. 날개와 날개 커버는 물로 헹구어 햇빛에 말렸다. 세월의 훈장으로 받은 겉모습을 지울 수는 없지만, 기쁘게 사는 방법은 있다. 자기 위치에서 자신을 사랑하고, 누군가를 위해 미력하나마 힘을 보탤 수 있다면 그 또한 의미 있는 삶이 아니겠는가. 조립을 끝낸 선풍기 바람에 남편의 머리칼이 살랑살랑 봄을 부르고 있다.

봄을 앓다

박순자 Sunja49@daum.net

동네 벚꽃길을 걸었다. 며칠 화사하게 피어 있던 꽃이 간밤에 불던 바람에 봄눈 내린 듯 길을 덮고 있었다. 걷는 발길을 옮기는데 조심스럽다. 길섶에 핀 제비꽃 애기똥풀이 눈을 맞춘다. 가던 길을 멈추고 작은 꽃들 앞에 앉았다. 어린 시절 우리 집 담 주변에 지천으로 자라던 꽃들을 마주 하고 있으니 고향 생각이 난다.

산에는 개나리와 진달래가 수를 놓고 강둑에는 윤기 흐르는 수양버들 한들거리는 풍경의 봄을 기다리곤 했다. 지금도 가슴 속에는 부모님같이 반겨주고 보듬어 줄 것만 같은 고향이 정지된 화면으로 남아 있다. 화석처럼 살아남아 있는 추억 하나 곰실곰실 일어난다. 아버지가 마시고 버린 소줏병에 산과 들에서 꺾어온 꽃을 꽂아 놓고 마냥 행복해 하던 사춘기 시절이다.

집 주위에 꽃들이 지천으로 피어 있어도 해마다 꽃나무를 캐어 마당가 울타리 안에다 심었다. 그런데 아버지는 며칠 지나지 않아 꽃들을 모두 뽑아 버리셨다. 내가 꽃나무만 심으면 아버지는 왜 그렇게 꽃나무를 싫어하셨는지 궁금했다. 정이 많고 잘 웃으셨던 아버지였는데 이해 할 수가 없었다. 마당 한 쪽에 뽑힌 꽃들이 시들어가는 걸 보면 어린 마음에 아버지가 원망스러웠다. 한 번은 아버지께 왜 그러시냐고 여쭤 봤더니 웃기만 하시던 아버지 모습이 떠오른다.

결혼하고 아이들을 낳아 기르는 와중에도 봄이면 아버지와 꽃으로 숨바꼭질한 것 같은 날들이 떠오른다. 그 일이 못내 궁금해 어느 날 어머니께 여쭈어 봤다. 어머니는 대뜸 '딸이 많아 꽃도 싫었던 게지' 하시는데 뼈가 있는 말같이 느껴졌다. 그제야 나는 아버지가 꽃이 싫으신 게 아니라는 걸 어렴풋이 알았다. 칠대 외동에 딸 다섯을 낳고 아들 형제를 얻으셨으니 꽃이 예쁘지도 곱지도 않으셨을 것이다. 더구나 한집 건너 아버지 친구는 아들만 일곱을 두셨다. 아들에 대한 아버지의 바람은 곧 아버지의 책임이었고 꿈이었다. 꿈은 이루어진다든가 내가 열일 곱 살에 아버지는 아들 둘을 이 년 터울로 보셨다. 그리고 몇 해후 내가 스물한 살에 아버지는 막내딸을 안으셨다. 얼마나 좋아 하셨는지 늘 웃으셨던 기억이 눈에 선하다. 아버지는 막내딸을 얻고는 우리들과 꽃밭을 가꾸셨다. 아버지는 사십 중반에야 세상을 다 얻은 기분으로 사신 것 같았다.

기침을 자주 하시던 아버지는 여든 하나의 연세에 꽃피는 삼월 생일 달 폐암 진단을 받고 여름에 돌아가셨다. 그 해 봄은 참으로 불안하고 두려웠다. 한 겨울을 이겨 내고 피는 꽃처럼 기운 차리고 거뜬하게 일어나 주실 줄 알았다. 신은 우리의 기도를 외면했던가! 팔남매의 기대와 소망은 물거품이 되었고, 아버지는 어머니께 아이들과 오래오래 살다 오라는 유언을 남기고 가셨다.

봄이면 내 꽃 욕심과 사랑은 여전하다. 꽃이 피거나 살 때면 철없이 아버지 속을 끓인 것이 아릿한 통증으로 다가 온다. 살아계실 때 딸들의 효도를 듬뿍 받으시면서 행복해 하시며 웃음 지은 얼굴이 떠오른다. 올 봄도 아버지를 몇 번은 꽃나무 아래서 그리워하며 보낼 것 같다.

'너는 어떤 사람이냐? 고 묻던 이웃들

이광순 anatta56@hanmail.net

"보스니아 ㅠㅠ"

유럽 여행 중인 친구에게 느닷없이 카톡이 왔다. 보스니아는 일정에 없었는데 네비게이션에 오류가 나서 목적지인 스플리트가 아니라 보스니아에 와 있더란다. 그런데 여기에 오니 도시도 예쁘고 무엇보다 물가가 싸서 오기를 잘했단다. 3년 전 여행이 떠올랐다. 보스니아의 수도 사라예보에서 모스타르로 들어가는 길은 발칸의 어느 도시보다 아름다웠다.

보스니아 헤르체코비나는 긴 이름의 나라답게 많은 사연을 가진 나라이다. 뉴스로만 접한 이곳의 내전은 민족 간의 갈등으로 나라가 분열되었고, 많은 사람들이 희생되었다는 정도였는데 이 지역에 와보니 훨씬 더 엄청난 사건이었다.

보스니아 헤르체코비나에는 역사적인 두 개의 다리가 있다. 사라예보 밀야츠카 강 위에 '라틴 다리'와 모스타르 네레트바 강에 있는 '스타리 모스트'다. 라틴 다리에서는 당시 이 지역 점령군이었던 오스트리아 황태자 부부가 세르비아계 청년에게 암살

당하면서 세계 1차 대전이 시작되었다. 또 하나의 다리 스타리 모스트다 위에서는 알바니아계 소년 2명이 세르비아 군에 사살되면서 보스니아 내전이 시작되었다.

여러 민족이 뒤섞여 살아 서로 이웃이었던 마을 사람들은 처음 만나면 '너는 누구냐?' 라고 묻지 않고 '너는 어떤 사람이냐?' 를 물었단다. 여러 민족이 어울려 살다 보니 사람을 만나면 그가 좋은 사람인지 덜 좋은 사람인지, 양심적인 사람인지 욕심이 많은 사람인지가 궁금할 뿐 그가 어떤 민족이고 어느 종교를 가지고 있는지는 중요하지 않았던 것이다.

기독교 이슬람 정교회가 어우러져 평화롭게 살던 사람들이 신과 민족을 앞세워 자신의 권력을 지키려는 세력들에 의해 3년여 동안 서로 죽이고 싸웠다. 이 보스니아 내전은 10만 명이 넘는 사람들이 희생된 피의 역사로 남았다. 사라예보 올림픽 때 이에리사 선수가 금메달을 따서 우리에게 알려진 도시 그 자리, 올림픽 광장에는 젊은 피로 하얗게 돋아난 비석들이 자리하고 있었다.

다리는 장애물을 건너거나 질러갈 수 있도록 두 지점을 연결한다.

그런데 보스니아의 두 다리, 한 곳에서는 세계대전이 한 곳에서는 보스니아 내전이 일어난 것이다

살아 있는 너를 만나기 위해 건너던 다리가 죽음이 되었다.

보스니아 사람들은 그때를 기억하지 않으려 한다. 다리에는 'Don't forget, 93'이란 글귀가 새겨져 있고, 사람들은 그저 다시 섞이어 흘러가고 싶어 한다.

늦봄의 파란하늘이 쐐기처럼 눈에 박히던 날,

다리위에서 이쪽의 기독교 마을과 저쪽의 이슬람 마을을 바라보고 있었다. 한 무리 관광객들이 휩쓸고 지나간 다리 위에 고요가 남았다. 순간의 먹먹함으로 다리 끝을 바라보는데 검은 그림자 하나가 뒤돌아본다. 위로 받고 싶은 영혼이 홀로 남아 있었나 보다.

보스니아 헤르체코비나의 그 다리를 보면서 우리가 가지고 있는 위태로운 다리를 보았다. 같은 민족끼리 아슬아슬한 다리를 사이에 두고 민중들을 볼모로 힘겨루기를 하고 있고, 열강들까지 합세해 자기 나라의 국익을 저울질 하고 있다. 그곳에 있는 동안 내내 더 가슴 아프고 공감할 수 있었던 것이 이 이유 때문인지 모르겠다. 이제 평화를 찾은 라틴 다리와 스타리 모스트, 우리의 다리도 살아 있는 너를 만나기 위해 건너야 할 다리가 되어야 한다.

떠나오던 날 아늑하고 아름다운 도시에 아직도 무수한 총탄으로 뚫린 채 서 있는 노란 건물 옆으로 원색의 트램이 돌아가고 있었다. 다시는 저 노란 건물에, 원색의 트램에 총탄이 박히지 않

기를 빌었다

모스타르에서 잠시 있다가 원래 목적지인 스프리트로 간다는 친구에게 꼭 사라예보도 들르라고, 라틴 다리도 건너보라고 당부를 한다.

파주출판도시, 그곳에 내 영혼을 눕히다.

신현임 Hyoja5712@naver.com

출판도시 이곳저곳을 탐험하러 나선 길, 버스 안에서 창밖으로 내다보이는 한강의 말미, 커다란 얼음덩어리들이 잔뜩 개흙을 묻히고 둥둥 떠다닌다. 매끄럽고 보드라운 살결처럼 보이던 물길이 추위에 울퉁불퉁 두드러기로 몸살을 앓는 것이다.

절반의 자유만이 절뚝거리는 철조망으로 둘러쳐진 자유로, 큰 기러기 떼들은 온전한 자유를 뽐내며 하늘 위로 날아오른다. 총 든 군인들도 그저 바라보는 눈길이 여유롭다. 퍼덕이는 시린 날갯짓이 지금의 날 닮았다. 오롯이 혼자였던 지난 몇 개월, 저 새들도 자유가 주어진 만큼 스스로가 감내하는 무게가 무거운 날갯짓이지 않았을까?

뜨거웠던 여름, 고용노동부와 파주시가 공동으로 마련한 문화해설사교육이 있었다. 퇴직한 남자 분, 나 같은 주부들, 전직 어린이집 원장, 삼사십 대도 몇 분 보인다. 문발리가 고향인 여든이 넘으신 어르신 등 면접을 통과한 마흔다섯 명이 선발되었다. 우수한 강사진의 말 한마디 한마디에 집중하며 교육에 임했다. 일주일에 두 번씩, 아침 9시부터 오후 6시까지 강행군이었다. 6월에 시작한 교육이 12월에 수료증은 받아들었지만, 아직도 진행 중이다. 끝까지 남은 서른 명 정도는 실무능력을 키우기 위해 스터디를 틈틈이 하고 있는 것이다.

문발리라는 작은 마을이 고향이었다는 팔순노인 말씀에 차츰 지역의 숨은 역사를 배워간다. 그분은 숙종 때 날아온 두 마리의 학이 살아서 심학산인 뒷동산을 한강물이 드나들던 습지, 옛날엔 이곳에서 조개도 캐고 멱도 감았다고 회상하신다. 박완서 소설가의 -그 산이 거기 있었을까?- 란 소설 속에도 등장하는 교하 탄현이라는 지명이 나와서 신기했던 기억이 난다. 피란을 가다가 그만 남쪽이 아닌 북쪽으로 접어들어 어느 집에 유숙하며 맑은 물에서 조개를 주웠다는 자전적 소설속의 지명 말이다.

헤이리라는 예술마을도 집 가까이 있어 늘 거니는 곳이다. 마을 가운데 조성된 연못엔 클로드 모네가 그린 그림 같은 풍경이 펼쳐진다. 미루나무 두 그루가 물속에 잠기고 수련이 여러 빛깔로 곱게 피어나는 곳. 기러기들이 깃들어 사는 연못이기도 하다. 그곳은 행복한 바보들이 마음치장하며 사는 곳이라고 하던가?

수업이 무르익을수록 파주의 문화유산도 답사하는 날들이 이어졌다. 인조의 능인 장릉도 동리 가까이 있다. 오랫동안 비공개로 있다가 2년 전에 개방되었다. 잠긴 문틈으로 산벚꽃이 흐드러지던 것을 망연히 바라보던 옛날, 지금은 사계절을 담으러 카메라 들고 나선다.

한명회의 딸 둘이 어린 나이에 죽어 묻힌 공릉과 순릉, 영조의 큰아들 효장세자가 9살에 죽어 묻힌 영릉, 율곡선생과 신사임당이 잠드신 자운서원, 갈매기들이 나는 임진강변에 위치한 황희정승 유적지인 반구정, 율곡 이이의 여덟 살에 지으신 시가 걸린 화석정 등 출판도시랑 헤이리 외, 덤으로 내 고장의 문화유산 익히기에 펄펄 끓는 더위도 아랑곳없었다. 임진각이며 도라산 땅굴까지, 오두산 통일전망대며 윤관장군 묘며 마애이불입상, 오두산성, 덕진산성까지 배움이 끝이 없었다.

특히 캠프그리브스라는 곳은 미군들이 주둔하던 곳을 숙소와 관광지로 개발되어 유명한 곳이다. 드라마 태양의 후예를 찍은 장소, 송송커플이 탄생된 역사적인 장소다. 사랑을 배우는 장소 맞다. 민통선 안이라 드나듦이 번거로운 것이 흠이다.

35도가 넘나드는 더위에도 열정이 넘치는 교육생들은 달궈진 길을 걷고 걸었다. 덥고 짜증나는 상황을 불평만 할 수는 없었다. 귀를 곤두세우느라 흐르는 땀 닦을 시간도 없었다. 파평 윤씨, 파주라는 지명이 유래된 명문가, 문정왕후, 누이를 등에 업고 권세를 누리다 스스로 죽은 윤 원형의 묘지도 있고, 옆엔 역시나 정난정의 묘도 같이 있다. 아득하게만 느껴지던 역사가 그렇게 우리 지역에 뿌리 박혀 있는 것이다.

지혜의 숲도 누구나 와서 책을 벗 삼고 쉬어가는 쉼터가 되었다. 샛강을 내다보며 한 줄의 글에 매료되면 인생길 지혜가 샘솟지 않을까? 능수버들이 푸른 머리칼을 나부끼며 저 앞에 서 있다. 젊은 댁들이 어린 아이 손을 잡고 와서 같이 앉아 책을 읽는 모습은 바라만 보아도 흐뭇하다. 월요일마다 권독사봉사를 곁들이며 출판도시를 더욱 깊이 알아간다. 황희 정승의 장례식에 왔다 돌아가던 문종이 내린 지명이 문발리였다는 기록, 지명처럼 현재에 이르러 글이 향기처럼 퍼져나가는 도시가 된 것이다.

문화해설사, 늦은 나이에 뒤돌아서면 잊기 일쑤인 공부에 매진한 해, 인생에서 탁월한 선택이었다고 스스로 만족한다. 기회, 일생일대의 기회가 늦게 닥친 것이라 받아들이기로 했다. 이 추위에도 움직여야 무언가를 새로이 배워지지 않겠는가.

내 고장 파주를 자랑스레 알리고 출판도시에 지치고 힘든 영혼마저 눕히고 싶은 것이다.

부포놀음*

김정심 jmind707@hanmail.net

Y여사의 눈에 눈물이 주르륵 흘렀다. 옆에 앉은 친구가 무슨 일이냐며 어리둥절 한다. Y여사는 흐르는 눈물을 닦지도 않고 가슴을 쓸어내리며 공연장을 나왔다. 풋풋한 바람이 그녀의 온몸을 감싼다.

며칠 전 친구가 국악당 공연을 함께 보자며 연락을 했다. 새소리 바람소리를 곁들인 야외공연인데 토요일이라 시간도 여유롭다. 오랜만에 서울 나들이를 했다. 뜨거운 열기가 누그러지는 오후 5시. 시원한 차를 들고 나무 그늘 아래 편안한 자리에 앉았다. 어린아이부터 머리가 희끗한 어르신까지 삼삼오오 모여들더니 관람석이 꽉 찼다. 같은 문화를 공유하는 그들이 오래된 벗을 만난 듯 정답게 다가왔다.

영산회상의 천년만세가 연주된다. 고개를 까딱이며 가볍게 들을 수 있는 익숙한 곡이다. 세악細樂**편성이라 소리가 크지 않으며 자연의 소리와 잘 어우러졌다. 나뭇잎 사이를 흐르는 바람처럼 섬세하고 부드러운 연주는 점차 경쾌한 빠르기로 흥을 돋운

*상쇠가 부포를 흔들거나 돌리며 노는 놀이. 부포는 백로나 오리의 털을 꽃처럼 만들며 벙거지 꼭대기에 단다.

**국악에서 비교적 음량이 적고 실내에 알맞은 음색을 가진 소규모의 악기편성과 그 편성에 의한 음악.

다. 연초록 새잎이 피어나듯 생기가 넘친다. 마음을 여는 새잎의 상큼한 연주가 끝나자 화관을 쓴 무희들이 긴 색동한삼을 공중에 뿌리며 소리 없이 나왔다. 수런수런 꽃을 피우고 나비를 부르는 춤사위가 한바탕 어우러졌다. 흐르는 물처럼 쉼 없이 너울대다 절제된 동작으로 멈춰 선 춤의 끝자락이 한삼의 아름다운 선을 더욱 돋보이게 했다. Y여사는 한삼의 너울에 눈을 떼지 못하고 빨려들었다. 무희와 하나가 된 듯 어깨가 들썩인다. 다음 순서는 일 고수 이 명창의 판소리다. 고수의 추임새에 아니리와 발림을 적당히 섞어 맛깔스럽게 버무린 판소리 흥보가. 그 중 화초장 타령은 놀보가 화초장花草欌을 지고 가면서 부르는 소리 대목으로 건망증에 대한 해학이 넘쳐 언제 들어도 정겹다. 깜박깜박 정신 줄 놓을 때가 많아진 Y여사는 놀보의 화초장 타령이 제 일인 양 더 공감이 간다.

마지막 무대는 호남우도 정읍농악이다. Y여사의 눈빛이 파르르 떨린다. 화려한 고깔을 쓰고 저마다 악기를 든 악사들이 일사분란하게 연주하며 인사굿을 벌인다. 악사는 잠시도 쉬지 않고 가락을 치며 진을 짜고 판을 만든다. 꽹과리 소리에 눈이 번쩍 뜨이고 태평소의 흐드러진 가락에 마음이 설렌다. 악사들이 진을 감거나 풀 때, 무거운 징을 들고 춤사위를 풀어헤치며 쉴 새 없이 쫓아다니는 징재비. 그의 경이로운 몸짓이 신명의 리듬을 만든다.

정읍농악의 넷째 마당이 끝나고 쇠재비 묘기 차례다. 꽃처럼 엮어 만든 부포를 벙거지 꼭대기에 달았다. 묘기에 가까운 그의 현란한 손놀림에 바람도 귀를 기울이나보다. 숨소리도 들리지 않는다. 쇠재비의 고갯짓에 따라 하얀 부포는 안개처럼 몽글거리며 피었다 지기를 반복한다. 수줍은 꽃, 포근한 꽃, 생생한 꽃, 웃는 꽃 등 부포는 삶의 꽃을 만들어 낸다. Y여사의 눈이 더욱 커진다. 휘몰아치듯 바람 따라 휘휘 돌다가도 어느 순간 부포의 긴 대공을 화들짝 세워 한 송이 꽃을 피워내는 쇠재비의 묘기에 숨이 꼴깍 넘어간다. 꽃을 피우기 위해 숨을 머금었다가 훅 내뱉는 춤꾼의 몸짓을 따라가며 Y여사의 숨소리도 거칠어졌다. 부포는 춤꾼의 몸짓을 고스란히 받아들이며 아찔하게 관객을 무대로 끌어들였다. Y여사는 가슴이 두방망이질 하는 것을 느꼈다. 얼굴이 벌겋게 홍조를 띠는가 싶더니 입도 헤 벌어진다. 무대 앞으로 몸이 점점 기울어지며 금방이라도 튀어 올라갈 기세다.

열두 발 상모돌리기 재주를 끝으로 공연이 끝났다. 집으로 오는 내내 Y여사는 말이 없다. 며칠째 가슴이 벌렁거려 일이 손에 잡히지 않는다. 태평소 가락이 귓가에 맴돌고 푸근하게 피고 지는 하얀 부포가 눈앞에 아른거린다. 꿈을 꾸듯 허공에 그림을 그려보지만 허한 마음은 채워지지 않는다. 식탁위의 음식이 허술

하고 물건들이 바닥을 뒹굴어도 남편과 아이들은 반응이 없다. Y여사는 장롱 문을 열고 바닥 깊숙이 간직한 상자를 꺼냈다. 30여년을 가슴 아래로 밀어내며 잠재웠던 보물 상자다. 대학 때 풍물패를 따라다니며 입었던 흰 바지와 저고리, 삼색 띠, 색동달린 반소매 검은색 쇠옷이 잘 개켜져 있다. 저고리를 들어 얼굴을 묻는다. 묵은내가 정겹다. 가슴을 내리 누르던 무거운 돌이 치워진 느낌이다. 한참을 물끄러미 바라보던 Y여사는 옷상자를 들고 밖으로 나왔다. 터미널로 향하는 그녀의 발걸음이 날아갈 듯 가볍다. 버스에 앉아 남편에게 전화를 걸었다.

"여보, 나 부포놀음 배우러 가요."

"뭐, 노름을 배운다고. 당신 미쳤어?"

수화기 너머에서 남편이 고래고래 소리를 지른다. 그녀는 조용히 폴더폰을 덮었다. 창 너머 새하얀 연꽃이 바람에 일렁인다.

동시

시각장애인 삼촌

김성녀

시각장애인 삼촌과
감나무 앞에 섰다
반짝이는 황금 단감
눈 대신 손으로 골라내어
뱅뱅 돌려서 툭
감 따는 삼촌

삼촌이 깎아준 단감
안 보여도 잘 깎네
신기해서 한입 베어 물면
입안에 퍼지는 단감 향
환한 단감 빛처럼
삼촌 세상도 환하다

그네 타는 눈사람

놀이터에 소복이 쌓인 눈을
굴리고 굴려서 눈사람을 만들어
세우고 바라보니 의젓한 웃음

우리 같이 그네 탈까?
그래그래 그러자

낑낑대며 그네에 올려 앉히고
노끈으로 묶어주니
눈사람도 흔들흔들 그네를 탄다
아이들과 온종일 그네를 탄다

할머니의 할머니 이야기

김윤옥 january125@hanmail.net

할머니의 할머니는 열두 살에 고개 너머 마을로 시집을 갔대
문득 문득 엄마가 보고 싶었지만 하늘을 보며 꾹 참았는데
저녁노을이 빨갛게 타고 있던 어느 날 참을 수 없이 엄마가 보고 싶어졌대
새 각시인 것도 잊어버리고 무작정 집으로 가는 길을 걸어갔대
어느덧 날은 저물고 밤이 되어 깜깜한 고갯마루에서 촛불을 두 개 들고 따라오는 사람이 보이더래
키도 자그마한 것 같아 친구를 만난 것처럼 반가웠대
그렇지 않아도 어두운 밤에 혼자 가는 것이 너무 무서워서 몇 번이나 돌아갈까 망설였지만 다시 돌아가기도 멀어서 어쩔 수가 없었대
그 때 사람이 나타났으니 너무나 반가웠지, 그래서 할머니의 할머니는 좀 기다렸다가 같이 가야지 하고 서서 기다렸대
그런데 어쩐 일인지 그 사람도 멈춰 서서 꼼짝도 하지 않더래
할 수 없이 걸어가면서 돌아보면 또 따라오고 다시 기다리면 꼼짝하지 않고 서 있고…

기다리다 걸어가다 기다리다 걸어가다 밤이 늦도록 그 사람과 실랑이를 하면서 마을로 돌아왔는데 갑자기 무섬증이 몰려오더래
급히 집으로 뛰어 들어가 이불 속에 숨었대
그날 밤 동네 개 한 마리가 호랑이에게 물려갔대
할머니의 할머니는 몇 날 며칠을 무서운 꿈을 꾸면서 끙끙 앓아누웠대

분꽃

입술 꼭 다물고 새침해요
너무나 수줍어서 친구 하나 없지요
꽃말이 '수줍음' 이거든요

지루한 한나절을 혼자 놀 때면
어서 피어야지 어서 피어야지
그림자 길어지는 네 시만 기다려요

노을 빛 머금어 더 빨갛게 피어나면
어둑해지는 저녁 길 집으로 돌아오는 엄마
꽃등으로 환하게 마중하려고

두근두근

김두례 g1004you@hanmail.net

바람이 잔잔해지자
텃밭 마른 고춧대에 불을 댕겼다

토닥토닥
조금씩 타다가도
금방 화르르

불길이 번져갈까 봐
조마조마

수세미 줄기 피마자대
타고 나니
텃밭이 말끔해졌다

새봄 텃밭에 어떤 새순이 올라올까
두근두근

대서양 고등어

석쇠 위에서
간고등어가 익어간다
뒤적뒤적
노릇노릇

구수한 맛
파도처럼 밀려온다
어서 한 점 먹으라고
촉촉할 때 먹으라고

물결무늬가 그려진
오늘은 대서양 고등어
고향을 잊지 않기 위한 걸까

진하고 선명한
노르웨이 앞바다를 그려놓은 것 같다

원 플러스 원

신양진 sygene76@empal.com

마트 안, 만두 코너
점원이랑 할아버지 실랑이가 벌어졌다
-한 봉지만 줘요
-원 플러스 원 이라서, 하나는 안 팔아요
-혼자 사는데, 언제 다 먹나
빈 장바구니 들고
할아버지 멀어져 간다

할아버지도
원 플러스 원이면 좋겠다

멸치 똥

엄마가 멸치 배를 가르고 똥을 딴다
길쭉하고 검은 똥
수북이 쌓였다

또아리 튼 똥 사이로
파도가 친다
바다가 흐른다

보들보들 미역냄새
팔딱팔딱 새우냄새
따각따각 조개냄새

-엄마, 똥도 먹을래요

산수유 마을

정명희 jmharim@hanmail.net

노랑 꽃무더기에
발목 잡혀
오도가도 못하고

왁자지껄한
꽃잎들
빙그르 닮아가고

튀밥 튀듯 웃음꽃 피는
산수유 마을.

벚꽃 피는 마을

팔랑 팔랑
봄소식
들려온다

고만큼씩만
걸어온다

꽃잎 숨소리
꽃보라 일으켜
향기 잘도 퍼진다

벚꽃,
꽃발로 나가
등불 켜 놓고
손 흔든다.

소금

정미경 jmk4033@naver.com

소금은
오는 거래요

먼 고래의 입김으로부터
학 한 마리 날아간 하늘로부터
염전을 지키는 할아버지 땀으로부터 온대요

저 깊은 바다를 향해
허리를 굽혀야 오는 거래요

바다가
하늘이
하얀 꽃을 피우러 오네요

하늘과 바다와 함께 일하는 염전

구름이 오늘은 먼 곳을 바라보네요
밀대가 밀리지 않을 만큼
소금이 왔어요

오늘은 간이 잘 맞는 날이에요

보청기

서랍 속에서
굴러다니는
귀

할아버지
몰래
빠져나온
소리들이 와글와글

"옆집은 할아버지가 땅을 물려주셨대
그리고…"

할아버지 들으시면
속상한 말들을
슬쩍, 구석으로 치워버린다

진짜 일기

한태경 asheri@hanmail.net

아유, 깜짝이야
하마터면 밟을 뻔했네
어쩌다 엘리베이터에 갇혔니
바닥 차갑지 않니
가만히 들여다보다가
민달팽이를 집어서
일 층 화단에 놓아주었다

일기에 이렇게 쓰고 싶은데
내 마음은 이랬는데
징그러워서 못 만지고
그냥 집으로 들어와 버렸다
잠이 안 온다

오늘도 한 판?

왕거미가 또 앉아 있다
그래, 오늘도 한 판?
빗자루로 쓱싹 쓸어버려도
발버둥치고 기어오르는
끈질긴 녀석
누가 이기나 끝까지 해보자

왜, 무섭냐?
내 눈만 봐도 벌벌 떨면서
빗자루만 휘두르는 겁쟁이야
밤새 지은 집을 허물어버리다니
가만두지 않겠다
덤벼, 다시 한 번 붙어보자

그림자

이진숙 jsgreen1@hanmail.net

할머니는
뒷산이
마을을 지켜준다
그랬지

정말이었어

커다란 산
저녁이면
소리없이 내려와
우리 마을
감싸 주었어

그리운 할머니

벽장 속
애지중지 꿀단지
하나도 아까울 것 없다
모두 내주던 할머니

할머니 사시던 집
마당 한 구석
깨진 쪽 그릇에
고여 있는 물 가만히
들여다보니

하늘이
구름이
할머니 얼굴이

하나 가득 들어있네

가을

전자윤 namurain22@daum.net

잘 익은 도토리가
데구르르

구불구불 산길
가르마 타고
데구르르르

다람쥐가 쫓아와도
데구르르르르
신이 난 도토리

야야야호호호호
가가가을이다다다!

거짓말

길고양이에게
돌멩이를 던졌다

지나가던 어른이 물었다
"왜 고양이에게 돌을 던지니?"
나는 어떻게 말해야할지 몰랐다

어떻게 말하면 혼나지 않을까?

고양이가 무서워서요
고양이가 싫어서요, 할까 하다가

"그냥 장난이었어요." 그랬다

동네 형이 나를 괴롭힐 때
그랬던 것처럼
나도 그렇게 말해버렸다

털실

박민정 whekau@naver.com

하나의 길이 동그랗게 뭉쳐져 있어요
길은 따뜻한 꿈들을 꾸면서 기다리고 있어요
그 꿈들이 풀어져 수많은 길로 나눠져요
길들은 한 땀 한 땀 걸어가며
장갑, 목도리, 조끼, 모자로 변신해요
겨울을 따뜻하게 감싸 안아요

할머니가 아이고

아이고, 허리야!
할머니가 허리를 부른다

아이고, 다리야!
할머니가 다리를 부른다

밭 매며 허리 한 번 안폈다고
허리가 서운해서 못 들은 척한다

나물 캐며 다리 한 번 안 뻗었다고
다리가 토라져서 없는 척한다

아이고, 허리야!
아이고, 다리야!

할머니 주저앉아 아무 데도 못 간다

그래도 되나? 1

최정희 hee-shining@hanmail.net

어떤 나라에는
아침이 오지 않을 때도 있대.

정말?

부끄럼쟁이 부엉이
노래 부르는 날
그린 풍경화
까맣게 색칠해도 되나?

그래도 되지.

그래도 되나? 2

어떤 나라에는
밤이 오지 않을 때도 있대.

정말?

심심한 달과 별들
바다 속에서 놀 때
간절한 소원
해한테 빌어도 되나?

그래도 되지.

동화

네 집이 어디야?

송방순 treelady@hanmail.net

비가 그치고 송이네 마당에 작은 개구리 한 마리가 폴짝 뛰어 들었어요.

"개굴아, 넌 어디에서 왔니?"

마당에서 놀던 송이가 물었어요.

"엄마 몰래 빗물에서 놀다 여기까지 떠내려왔는데 집을 못 찾겠어."

개구리가 울먹이며 대답했어요.

"너 엄마 말 안 들었구나? 우리 엄마도 비 오는 날엔 집에 있으라고 하는데."

"톡 톡 톡! 빗소리를 들으면 집에 가만히 있을 수가 없어. 뭔가 신나는 일이 생길 거 같거든."

"내가 네 집을 찾아 줄게. 집 근처에 뭐가 있는지 잘 생각해 봐."

"우리 집 앞엔 넓고 푸른 풀밭이 있어."

"풀밭이라면 내가 잘 알지. 멍구랑 날마다 뛰어노는 곳이니까."

그때 개집에 있던 멍구가 개구리에게 다가가 코를 벌름거리며 쿵쿵댔어요.

“처음 본 녀석인 걸. 너네 집에서는 무슨 냄새가 나지?”

“풀 냄새와 이슬 냄새가 나.”

“그렇다면 내가 금방 찾아줄 수 있지.”

멍구가 멍멍 짖으며 말했어요.

송이와 멍구가 앞서가자 개구리가 폴짝거리며 따라갔어요.

그 모습을 담장 위에 앉아있던 길고양이가 쳐다봤어요.

“너희들 어디 가니?”

“개구리 집 찾아주러. 빗물에 떠내려와서 집을 잃어버렸대.”

송이가 길고양이에게 알려줬어요.

“안 그래도 심심했는데 나도 따라갈까?”

길고양이가 담장 위에서 단번에 뛰어내렸어요.

“너 정말 대단하다! 나도 높이뛰기라면 자신 있지만, 너처럼 높은 곳에서 뛰어내린 적은 없어.”

개구리의 칭찬에 길고양이 어깨가 으쓱해졌어요.

“넌 털도 없이 매끈하고 촉촉해 보이는 걸. 너 혹시 물속에서 나왔니?”

길고양이가 개구리 몸을 쓰윽 핥으며 말했어요.

“맞아. 우리 집 앞에 개울이 있어.”

“개울이라고? 그럼 너네 집 근처에 물고기도 있니?”

길고양이가 침을 꿀꺽 삼키며 말했어요.

"있지. 같이 헤엄치며 놀았는 걸."

"그렇담 내가 아는 개울가로 데려가 줄게."

길고양이도 개구리 집을 찾아주겠다고 자신만만하게 말했어요.

송이와 멍구가 앞장서고 그 뒤에 길고양이와 개구리가 뒤따라 갔어요.

송이와 멍구가 날마다 뛰어놀던 풀밭에 도착했어요. 햇살이 비추자 축축했던 풀도 어느새 보송보송해졌죠.

"개굴아, 여기가 풀밭이니까 네 집이 있는지 잘 찾아봐."

송이는 개구리를 풀밭에 데려다 놓고 멍구와 신나게 뛰어놀았어요.

길고양이도 흐드러지게 핀 연보랏빛 자운영 꽃에 앉은 나비를 쫓느라 정신없었지요.

개구리는 폴짝거리며 주변을 살폈어요. 하지만 자기가 살던 동네가 아니었어요.

개구리가 시무룩하게 바위에 앉아있자 나비를 쫓던 길고양이가 다가왔어요.

"이 밑으로 가면 내가 아는 개울이 있는데 같이 가보자."

길고양이는 개구리를 데리고 개울가로 갔어요.

"여기도 아닌 것 같아. 내가 살던 곳은 여기보다 개울이 작고 버드나무 가지가 한들거리고 있어."

"버드나무가 있는 곳은 잘 모르지만, 비가 와서 개울물이 불었을 거야."

길고양이는 하늘에 잠자리 떼가 맴돌자 또다시 잠자리를 잡으려 뛰어다녔어요.

그때 망초 위에 앉아있던 잠자리가 개구리에게 말을 걸었어요.

"날씨도 좋아졌는데 넌 왜 그러고 있니?"

"집을 잃어버렸어."

"너네 집에 대해 말해봐. 이 동네는 내가 구석구석 잘 아니까."

"우리 집 앞엔 넓은 풀밭이 있고 작은 개울물이 흐르고 그 옆에 버드나무가 있어. 개울가엔 창포 꽃도 피어있고 풀밭엔 애기똥풀도 있지."

"그곳이라면 내가 잘 알지. 내가 태어나서 살던 동네니까."

"정말?"

"나도 너처럼 물속에서 태어났어. 지금은 날개가 생겨 헤엄은 못 치지만 대신 하늘을 자유롭게 날아다니지."

"그렇구나. 난 너처럼 날 수는 없지만 지금도 물속에서 헤엄치는 게 정말 좋아."

"자, 따라와. 내가 너네 집에 데려다줄게."

개구리는 기뻐서 폴짝폴짝 뛰었어요. 그리고 앞서 날아가는 잠자리를 따라갔지요.

가는 길에 풀밭에서 뛰어노는 송이와 멍구도 만나고 나비와 놀고 있는 길고양이도 만났어요.

"애들아, 잠자리가 우리 동네를 잘 알고 있대. 내가 태어난 물속 친구였어."

"정말 잘 됐다."

모두 기뻐하며 함께 잠자리를 쫓아갔어요.

풀밭을 지나 불어난 개울가를 따라 위로 올라가자 커다란 버드나무가 보였어요. 개울가엔 노란색 창포와 보라색 창포가 어우러져 피어있고 애기똥풀도 수줍게 피어있었지요.

"드디어 우리 집을 찾았어! 애들아, 고마워. 개굴개굴!"

개구리가 좋아서 개굴개굴 노래했어요. 그 소리를 들은 엄마 개구리와 아빠 개구리가 창포 잎 사이에서 폴딱 뛰어나왔어요.

"아가, 어디에서 놀았니? 걱정했단다. 바깥세상을 혼자 다니기엔 넌 아직 어려."

"혼자가 아니었어요. 길을 잃어버렸는데 이렇게 많은 친구들이 도와줬는걸요."

개구리 가족은 새로 사귄 친구들에게 고맙다고 인사했어요.

이해심 깊은 신랑

신수나 subak290@hanmail.net

옛날에 어떤 총각이 나이 열다섯에 정승 집 딸에게 장가를 갔대. 왜 그렇게 일찍 갔냐구? 옛날엔 다 그렇게 이른 나이에 시집 장가를 갔어. 그래도 잘만 살았지.

아무튼, 첫날밤이 가까워져서 신방을 차렸는데 글쎄 각시가 떡하니 아기를 낳은 거야. 근데 이 신랑, 뒤로 놀라 나자빠져도 시원찮을 텐데, 요 속의 솜을 꺼내 아기를 닦더니 요 안에다 아기를 넣어 놓더래. 그러고는 별당 문을 벌컥 열고 종을 부르네.

"여봐라."

종이 쪼르르 달려오거든.

"나는 언제고 밤참으로 닭 한 마리하고 밥 한 그릇하고, 미역국을 먹어야 잠이 온다. 그러지 않으면 잠이 안 오니 얼른 가서 준비해 오거라."

이러지 않겠어?

그러니 하인들이 그 밤에 닭을 잡는다, 미역국을 끓인다, 밥을 한다 난리도 아니야. 그렇게 해서 한상 잘 차려다 주니, 신랑이

별당 앞에서 기다렸다 척 받아.

신랑이 태연하게 각시 앞에 상을 놓으며,

"이 미역국을 얼른 다 드시오."

이러네. 신혼 첫날밤에 애 낳은 죄인이 누구 명이라고 거역하겠어. 각시가 꾸역꾸역 그 밥을 다 먹었지. 그러자 신랑은 베개 속을 짜개서 솜 안에 아기를 넣어 안고 나가더니 한참을 안 들어와. 어디엔가 몰래 갖다 놓고 온 거지.

그러더니 새벽에 또 닭 잡고, 밥 하고, 미역국을 끓여 오라 해.

"나는 새벽참하고, 저녁참을 먹어야 잠이 오지, 그러지 않으면 잠이 안 온다."

또 이러는 거야. 정승 집에 뭔들 없겠어? 하인들은 신랑이 호령하는 즉시 착착 해다 바쳤지. 그러면, 신랑이 각시한테 또 다 먹어라 하는 거야. 하나도 남기지 말고. 참, 각시는 죽지도 살지도 못하고 그저 먹을 밖에. 그래놓곤 날이 새니까 하인에게 또 이러는 거야.

"모두 신행 채비를 하거라."

그러고선 신랑은 앞에서 말을 타고, 각시는 가마를 태워 가는 거지.

동구 밖을 벗어나자 늪이 나왔어. 거긴, 지난 밤 신랑이 아기를 숨겨 놓은 곳이야.

신랑은 짐짓 모른 척하고선 하인들에게,

"너희들 한번 들어 봐라. 어디서 갓난아기 우는 소리가 나지 않느냐?"

이러는데, 하인들은 암만 귀를 기울여도 아무 소리가 안 들리거든.

"아니, 어떤 덜 된 사람이 갓난아이를 낳아서 내버렸나 보구나. 내가 한번 내려가 찾아보마."

자기가 숨겨 놨는데 누가 못 찾아? 대번에 찾지. 찾아선 각시 탄 가마의 문을 들치고 아이를 안고 가라 하는 거야. 안고 가라 하니 색시는 안고 가야지 어쩌겠어.

그렇게 돌아와선 자기 앞집에 사는 이모한테 쫓아가서 하는 말이

"이모, 이모, 오늘 신행에 다녀오는데, 누가 아기를 낳아서 늪 옆에 버려두고 갔네. 내가 아기 먹을 거는 대줄테니 키워주소." 하고 그 아기를 이모한테 맡기는 거야. 신랑은 각시와 살림을 잘 살고. '어찌된 일이냐?', '무슨 일이 있었던 거냐?', 묻는 법도 없어. 그러니 각시는 살기는 사는데 남편 보기가 괴롭지.

그렇게 주워 키운 아들이 어느덧 열다섯 살이 되었어. 하루는 신랑이 종루에 올라가 생각해 보니 참 옛날 생각이 아득한 거야.

"내가 옛날 십 오 세에 첫날밤에 남자 아이를 얻어가지고 열다

섯 살이 되도록 키웠네."

중얼거리는데, 마침 지나가던 어사 귀에까지 들렸어. 그래 어사가 듣고,

"아이고 선비님, 뭐라 하셨어요?"

하고 물어.

"나는 아무 말도 안 했는데요."

신랑은 시치미를 뚝 뗐어.

"조금 전에 하셨던 말을 다시 듣고 싶습니다."

어사가 자꾸 재촉하니 그제야,

"어허, 민망하구려. 내겐 말 못할 비밀이 하나 있다오. 내가 열다섯 살 먹어 장가를 가니, 첫날밤에 처음 본 각시가 아들을 낳았다오. 그 아이를 이모에게 맡겨 키우다 그 뒤로 내가 데려다 키웠지요. 그 아이가 이제 열다섯 살이 되었다오."

"참말로 장하십니다."

"그게 무슨 장한 일이라고 그러오. 내 아들이 의젓하게 자라 기뻐서 한 소리라오."

어사가 감동해 덧붙이길

"선비님, 내일 한양에서 별과를 엽니다. 꼭 과거보러 오십시오. 꼭이오."

그러면서 손까지 붙잡고 당부를 해.

서울에서 별과 본다고 하니, 팔도 선비가 벼슬하겠다고 과거 보러 모였겠지. 근데 선비가 가만 보니 엊저녁에 자기가 했던 말이 그대로 시제(과거 시험에 내던 문제)로 나온 거야. 다른 사람들이야 암만 봐도 무슨 말인지 모르겠단 말이야. 선비는 딱 보니까 엊저녁에 자기가 했던 말이거든. 그래서 금세 써 임금 앞에 척 내밀었지. 임금이 받아보니 일필휘지(단숨에 죽 써서 내림)로 쓴 글이라. 그래서 장원으로 뽑았지.

신랑이 홍패를 들고 어사화를 모자에 꽂고 고향으로 돌아왔어.

그러니 아들이 한달음에 달려 나와,

"아버지, 아버지, 자랑스런 아버지."

하며 덩실덩실 춤을 춰. 주워 키운 아들이. 아니 주워 키운 게 아니라 낳아다 키운 아들 말이야.

아들은 아버지 손을 붙잡고 방으로 들어가,

"아버지, 어머니와 같이 절 받으세요"하며 넙죽 절을 해. 그러고선 하는 말이

"제가 오늘 저녁에 아버지한테 어머니의 허물을 벗겨 주려고 합니다."

이러는 거야. 뜬금없이.

"제가 원래 하늘에 살았는데, 말썽을 일으켜 잠시 땅으로 내려오게 되었습니다. 제가 하늘에서 내려와 아무리 생각해도, 이 어

머니한테 안 태어나면 지금 이 아버지를 만날 길이 없었습니다.”

그러면서 말을 잇기를

“제가 환생하기 위해서 아무 죄가 없는 어머니한테 부득이 첫날밤에 나왔습니다. 그 일로 어머니가 아버지한테 고개를 못 들고, 살기는 살아도 허물을 덮어 쓰고 사니 제 마음이 편치 않았습니다. 제가 열다섯 살 먹고, 아버지가 과거 급제하면 이 허물을 벗겨 주려고 줄곧 기다리고 있었습니다.”

하며 환하게 웃는 거야.

“이제 그만 하늘로 돌아가야 합니다. 키워주신 은혜 잊지 않겠습니다. 두 분 모두 오래오래 행복하게 사실 겁니다.”

아들은 이별을 아쉬워하며 하늘로 올라가더래.

그 아들 말마따나 아마 그런 부모 못 만났으면 하늘로 도로 올라가지도 못했을 거야. 하늘이 다 뭐야, 아마 땅에서 살지도 못했을 걸. 아무렴.

소설

남 몰래 흐르는 눈물

구자인혜 jainhea@hanmail.net

1.

새벽, 여자는 공항으로 가는 열차를 기다리고 있다. 저마다 크고 작은 여행 가방을 앞에 놓고 그 뒤에 사람들이 서 있는 모습은 여행지에서 마차를 타거나 인력거를 탄 모습을 연상시켰다. 그들이 어디론가 떠나는 것이 아니라 가방들이 여행을 떠나고 자신들을 밀어 줄 집사를 고용한 것처럼 보이기도 했다. 가방들은 자신의 집사가 더 능력이 월등하다는 것을 증명하려는 듯 가방의 주인과 손잡이를 밀착시켰다. 정장 차림의 남자가 손목을 들어 시계를 보았다. 옆에는 어린 아이가 한 손으로 철봉을 잡듯 조그만 여행 가방을 꼭 쥐고 있었다.

전동열차 안은 한산했다. 여자는 출입문 쪽 의자에 앉았다. 커다란 가방을 앞에 놓고 드문드문 좌석에 앉은 사람들은 한결같이 눈을 감고 고개를 숙이고 있었다. 길게 늘어선 좌석이어서 앞 사람과의 눈맞춤이 불편했던 것일까. 한산한 열차 안에서 모두 적당하게 자리를 잡고, 서둘러 나오느라 설친 아침잠을 보충하려는 듯 숙면의 자세를 취했다. 건너편 차창으로 새벽의 푸른 공기가 숲과 나무를 깨우는 모습이 보였다. 나무는 전동열차의 빠른 속도에 맞추어 단조로운 아침의 공기를 흔들었다. 나뭇가지에서 작은 새가 한 마리 날아올랐다. 새는 나무 곁에서 잠시 날개를 푸덕였다. 여자는 눈으로 새를 쫓고 있었다. 마치 새가 규인 것처럼. 놓치지 않겠다는 듯 시선을 고정시키고. 어느 틈엔지 새는 날았고 이내 하늘에서 자취를 감추었다. 여자는 새가 날아오르는 쪽을 오랫동안 바라보았다. 규야. 그녀는 자신도 모르게 입술을 달싹였다. 텅 빈 하늘을 눈이 아프도록 바라보았다. 어디에도 없는 새, 어디에도 없는 규.

여자는 모자챙을 눈썹까지 끌어내리고 의자에 등을 기댔다. 잠깐이라도 눈을 붙이려는 생각이었다. 눈을 감자 여지없이 눈물이 흘렀다. 자신도 모르는 사이에 갑자기 주르르 눈물이 흐르는 것이다. 여자는 선글라스를 꺼냈다. 얼마 전부터 눈물 조절이 되지 않았다. 시도 때도 없이 흐르는 눈물은 멈춰지지 않았다. 결막염도 아니고 안구건조증도 아닌데 맑은 눈물이 멈추지 않는 것이다. 손수건으로, 휴지로 쉴 새 없이 닦아냈으나 눈물이 멈추지 않았다. 의사는 눈물샘이 막혀 그렇다고 했다. 눈물샘이 제 길을 열어주지 않아 엉뚱한 곳으로 눈물이 흐른다고 말했다. 막힌 눈물샘을 뚫고 치료를 받으려면 몇 주는 외출을 삼가야 했다. 하지만 여행을 앞둔 여자는 시간을 낼 수 없었다. 대신 선글라스를 하나 구입했다. 푸른빛이 반사되는, 너무 화려해서 여자와는 이질감이 느껴지는 선글라스였다. 여자는 그것이 자신에게 잘 어울리는지, 너무 주위의 시선을 끄는 것이 아닌지 괘념치 않았다. 쇼윈도 속에 진열되어 있던 여러 안경들 중에서 그것이 여자의 이목을 끌었을 뿐이었다. 그냥 푸른 바다색에 끌려 홀린 듯이 점원에게 그것을 달라고 손가락으로 가리켰다.

여자는 겨울의 초입에 짐을 꾸렸다. 오랫동안 꿈꾸던 곳이었다. 내게도 늘 입버릇처럼 말했다. 언젠가는 배낭 하나 메고 혈혈단신 여행을 다녀오겠다고. 여행의 시점과 동반자가 조금 뜻밖이긴 해도 놀랄 만큼 파격적이지는 않았다. 여자의 옷차림은 여행객치고는 너무 평범했다. 정강이까지 밋밋하게 내려오는, 오래 입어서 낡았는지 지나치게 후들거리는 면 원피스, 마치 동네 슈퍼에 가는 주부처럼 보이는, 목주름이 드러나는 메마른 목에 구깃구깃한 면 머플러를 둘렀을 뿐이었다. 여자의 화려한 선글라스와 트렁크만이 여행객을 증명하는 유일한 표식이었다. 건너편 남자가 보기에 그녀의 남루한 행색과 주변의 시선에 개의치 않는 무심함은, 여행에 대한 기대를 한껏 지닌 채 기차를 탄 자신과 너무 동떨어져 낯설게 느껴졌을 것이다. 참, 이 여행엔 나도 함께 있다. 여자는 나를 보지 못하지만.

2.

공항로비에 먼저 나와 있던 명이 여자를 맞았다. 여행을 먼저 제안한 친구였다. 인도 불교 성지를 가는 그룹이 있는데 함께 가지 않을래? 너, 입버릇처럼 혈혈단신 여행을 가고 싶다고 하지 않았어? 우리 나이에 혼자 가는 것은 좀 그렇구, 이번에 좋은 그룹이 있어. 지나가는 말처럼 여행을 제안하는 명이 여자는 고마웠다. 명은 쾌활하고 늘 호탕했지만 여자에게는 세심하게 배려했다. 아무것도 모르는 듯 지나친다 싶으면서도 늘 곁을 지키는 사람이었다. 명은 함께 여행을 가는 무리들 속에 섞여 있었다. 함께 실크로드 순례를 하고 이번에는 인도의 불교성지 순례를 함께하는 무리들이었다. 그들은 서로를 발견하면 반갑게 두 손을 가슴 앞으로 모으며 고개를 숙였다. 오랜 시간 동안 해온 그들만의 인사법이었다. 명도 무리들 속에서 자연스럽게 합장을 하고 고개를 숙이며 사람들과 소통했다. 여자도 사람들과 인사를 나눴다. 명을 제외하면 모두 초면인 사람들이었다. 뻘쭘하니 서 있는 여자에 비해 명은 무리들과 스스럼이 없었다.

3.

순례 길은 네팔에서 시작되었다. 깊은 바다 물빛과 같은 푸른색 선글라스는 이 여행에 다소 과장되어 보였다. 그렇지만 여자는 변함없이 선글라스를 착용했고 반사되는 빛을 바라보며 고장 난 눈물샘에서 흐르는 눈물을 손수건으로 찍어냈다. 히말라야 능선을 오른 새벽에도, 안나푸르나 정상으로 떠오르는 설산의 해를 바라보면서도 여자는 선글라스 뒤로 흐르는 눈물을 닦아야 했다.

이슬람교를 믿는 사람들은 메카를 찾기를, 기독교도들은 예루살렘 성지순례를, 힌두교도들은 바라나시 방문을, 불교도는 인도 순례를 평생의 꿈으로 삼았다. 여자도 마찬가지였다.

"네가 커서 내 도움이 필요 없을 때, 엄마는 인도로 떠날 거야. 인도를 거치고 네팔을 지나며 부처님의 성지를 순례하고 맑은 정기가 흐르는 곳에 앉아 명상을 하며 세상을 실컷 구경하고 돌아올 거야."

여자는 그렇게 내게 말하며 언제 떠날지 모르는 여행을 대비해 요가를 게을리 하지 않았다. 오늘, 여자는 평생의 꿈이었던 성지순례를 하고 있다. 가슴에 슬픔이란 한을 가득 담고서.

4.

바라나시는 인도의 진면목을 볼 수 있는 곳이었다. 인도의 축소판처럼 보이는 바라나시 시내를 내다보며 여자는 깜짝 놀랐다. 팔다리 한쪽 없는 거지들이 많았고 이들은 생계를 위해 땅바닥에 몸을 질질 끌며 구걸행각을 벌이고 있었다. 락샤를 타고 가는 내내 들려오는 경적소리, 길을 가득 메운 초라한 행색의 사람들, 도로 한가운데를 점령하고 유유히 움직이는 소, 혼란과 혼돈의 거리였다. 싯다르타 태자가 궁전 안에 살다가 궁전 밖으로 나가 본 백성들의 삶의 실체가 그리 했을까. 나는 잠시 여자가 락샤 밑으로 뛰어내리는 것은 아닐까 마음이 조마했다.

"인도에서 제일 인구가 많고 두 번째로 큰 주가 우타르프라데시 주라고 해. 그중에서도 여기 바라나시가 중심을 이루지. 이곳이 인도 역사에서 가장 오래된 도시이기 때문이야. 오륙천년 전에 만들어진 바라나시는 종교도시이고 힌두교의 성지야."

"시드의 혀가 짧고 빠른 발음은 잘 알아들을 수가 없는데, 이제야 제대로 귀에 들어오네. 가이드를 해도 되겠어."

여자는 명의 풍성한 뇌의 저장고를 칭찬했다. 하지만 그녀를 부러워하거나 지식을 굳이 알려고 하는 어투는 아니었다. 그냥 바람에 스치듯, 연꽃이 진흙을 떨구어 내고 연못 수면 위로 올라오듯, 담담하게 말했다. 여자의 그런 태도는 여행 내내 이어졌고 여자 곁에는 아무도 오려고 하지 않았다. 단지 명만이 늘 그렇듯 함께 할 뿐이었다. 여자는 아직도 여행을 떠날 때 입고 있던 면 원피스에 낡고 구겨진 스카프를 두르고 있었다. 종아리는 검게 탔고 시린 듯 가늘었다.

바라나시에서는 죽음과 주검은 은폐되거나 숨겨지는 것이 아니었다. 그들의 세계는 삶도 죽음도 모두 열어놓은 세상이었다. 오늘의 삶이 내일의 주검으로 이어지는 것은 너무나 당연한 삶의 과정이었다. 무언가에 홀린 듯 오랫동안 바라보는 여자의 표정은 어두웠다. 무언가 할 말이 있어 입을 달싹이는 듯도 했다. 가늘게 떨리는 여자의 어깨를 명이 감싸안았다.

여자와 명은 갠지스 강가를 걸었다. 여자는 천천히 천수경을 독송했다. 내 방에서 공부를 하고 있으면 거실에서 읊조리는 작은 소리가 들려 왔다. 바로 천수경을 읽는 소리였다. “엄마는 왜 맨날 그 경을 읽어? 그것보다 노래나 시를 외우는 건 어때?” 내가 물었던 적이 있다. “기도와 염불은 우리의 생각을 좋은 방향으로 이끌어주는 신묘한 힘이 있대. 염불을 천천히 독송하며 그 뜻을 마음에 새겨보면 우리의 삶이 아주 풍요로워 질 것 같은 느낌이 들곤 해.” 엄마는 내가 묻는 질문이 아주 의외라는 듯 신중한 목소리로 나와 눈을 맞추며 이야기했다. 이 경이 이제 그만 마음의 짐을 내려놓고 엄마의 삶을 좋은 방향으로 바꾸어주기를 나도 따라 기도했다.

세상 어딘가에는 한 번도 빛이 닿지 않았던 곳이 있다. 로깐따리까라고도 하고 우리말로는 ‘사이지옥’, ‘틈새지옥’이라고 번역된다고 했다. 어느 영화에서는 제목으로 무간도라고도 썼다. 부모를 살해하는 등 살벌하고 끔찍한 죄를 저지르는 사람들이 갇히는 곳이다. 이곳에 떨어지면 일겁의 우주기가 끝나도 구제 받지 못했다. 그런데 해와 달도 미치지 않는 영원한 어둠의 세계에 단 한번 빛이 비친 적이 있는데, 부처님이 입태하고 태어나는 순간이었다. 광대한 빛으로 틈새지옥에도 빛이 들어가 밝아지는 순간이었다. 이곳에 갇힌 이들은 비로소 이때 상대방의 얼굴을 보고 부끄러움을 알게 된다. 상대의 얼굴을 보며 스스로를 반성하게 되는 것이다. 이곳에서 나는 엄마가 스스로 들어가 갇히고 나오지 않는 틈새지옥에서 걸어 나오기를 기도했다. 부처님이 태어나실 때 비쳐지던 광대한 빛으로 인해 그간에 고통 받았던 마음의 짐을 내려놓기를 기도했다.

5.

여자의 순례일정은 며칠 남지 않았다. 오늘 이곳의 열반당이 있는 꾸시나라 방문을 끝으로 4대 성지 순례길은 막을 내린다. 열반당으로 들어가는 입구에는 커다란 살리나무가 두 그루 있다. 부처님이 열반하실 때 잡으셨다는 나무였다. 경전에서 부처님은 "아난다, 그대는 나를 위해 침상을 만들어라. 피곤하니 누워야겠다."고 하셨다. 그 나무는 아니지만 나무를 잡으면 둥그런 활엽수의 잎이 몸을 감싸주고 편안한 안식의 길로 인도할 듯했다. 열반당에는 열반에 드신 부처님이 누워계셨다. 여자의 일행은 반야심경을 독송하며 누워 계신 부처님을 세 바퀴 돌고 앉았다. 하얀 면포를 임시 가사로 두른 일행들은 모두 경건하고 엄숙했다. 마르고 뾰족한 턱이 유난히 도드라진 여자는 일행의 맨 앞줄에 앉았다. 모두 목소리를 맞추어 관세음보살을 독송할 때 여자는 핸드백에서 기도문을 꺼냈다. 내가 떠난 날부터 여자가 써오던 기도문이었다. 여자는 손목에 차고 다녔던 단주로 돌돌 만 기도문을 조심스럽게 쌌다. 보드가야 탑에서 산 전단향이 은은한 로즈색깔 단주였다. 기도문과 단주를 누워계신 부처님 옆에 있는 시주함에 넣었다. 그리고 주체할 수 없이 쏟아지는 눈물을 감추려 황급히 밖으로 나갔다. 독송이 끝났는지 나머지 일행들도 하나 둘 일어나서 부처님의 발을 만져본 후 열반당을 나갔다.

안녕. 나, 엄마 아들, 규….

이제 나는 오롯이 낯선 이곳에 홀로 남았다. 여자는 왜 나를 낯선 이곳에 두고 떠나려 하는가. 살리나무 아래에 여자가 서 있다. 자꾸 이곳을 돌아보며 걸음을 옮기지 못하는 여자가 안쓰럽다. 살리나무의 둥그런 잎들이 내린 그늘에 여자의 얼굴이 희미하고 어렴풋하다. 헤어짐이 필요한 시간이다. 집으로 돌아가는 여자의 발걸음이 가벼워지길 기도한다. 살리나무의 부드러운 촉감이 오래도록 여자의 손에 남아있기를 간절히 바란다.

나는 이제부터 누워 계신 부처님께 물어보려 한다. 끊어짐이 왜 이리 슬프고 고통스러운지를….

그리고, 섬

정이수 glmani3@hanmail.net

메스꺼움은 커피 두 잔으로도 해결되지 않았다. 속을 가라앉히려고 마신 블랙커피는 오히려 위벽을 훑는 통증만 보탠 꼴이 됐다. 컨디션 다운, 하지만 여행계획을 뒤로 미룰 만큼 최악은 아니었다.

한 번 뒤집어진 속은 뱃멀미까지 겹치면서 좀처럼 가라앉지 않았다. 인천연안여객터미널에서 여객선을 타고 한 시간 남짓 달려 도착한 대이작도, 4년 만에 다시 찾은 섬은 생각보다 낯설지 않았다. 선착장 풍경도, 비릿한 바다냄새도 모두 익숙했다. 여행객들로 붐볐을 선착장은 비수기라 그런지 한산했다. 봉고차 한 대가 서서히 내 쪽을 향해 다가온다. <파도가 머무는 집>로고가 찍혀있다. 손을 흔들어 보이자 운전대를 잡은 남자가 앉은자리에서 고개를 까딱여 인사를 한다. 손님을 맞는 폼이 호들갑스럽지 않아서 좋았다.

남자는 펜션에 도착할 때까지 한마디 말이 없다. 룸미러를 통해 뒷좌석을 흘깃거리다 나와 눈이 마주치면 얼른 시선을 거두곤 했다. 피서철도 아닌데 일행도 없이 혼자 섬을 찾아온 여자 투숙객이 신경 쓰이는 모양이었다. 하긴 내 몰골을 보면 그의 불친절을 나무랄 일도 아니었다. 늦잠을 자는 바람에 출항시간에 맞춰 급히 나오느라 화장은커녕 세수하는 것도 건너뛰었다. 거기에 멀미까지 더해지면서 형편없이 구겨졌을 내 모습이 상상이 됐다.

섬은 고요했다. 고요하기는 <파도가 머무는 집>도 마찬가지였다. 배가 고팠지만 밥보다는 커피 생각이 먼저 났다. 메스꺼움은 시간이 지나면서 차츰 가라앉았다. 누렁이 한 마리가 마당을 어슬렁거리다 눈이 마주치자 꼬리를 흔들어 보인다.

"혹시 호미나 모종삽 좀 빌릴 수 있을까요?"

마당 수돗가에서 생선을 손질하던 주인 남자가 나를 한 번 흘깃 쳐다보더니 아무 말 없이 창고로 들어간다. 관심이 없는 것인지 귀찮은 것인지 기본적인 질문도 생략이다. 어디에 쓸 것인지 물어봐줘야 하는 거 아닌가? 은근히 신경 쓰이고 긴장하게 되는 불편한 남자, 필요 이상으로 친절을 베풀던 예전 민박집 여자와는 비교가 안 될 만큼 달라도 너무 달랐다.

물때에 맞춰 작은풀안해수욕장 끄트머리에 있는 팔각정으로 향했다. 손에 잡힐 듯 풀등이 눈에 들어온다. 풀등 그 어디쯤을 눈으로 더듬어 본다. 온전한 모습으로 만날 수 있을까? 정운이 내게 남긴 메시지의 내용이 궁금했다. 어쩌면 그가 한 발 먼저 풀등을 다녀갔을지도 모른다.

풀등 가는 배는 발이 묶여 있었다. 물어물어 선주 하 씨를 찾아가 통사정을 했다.

“비수기엔 주말에만 영업해요. 한두 사람 태워서는 기름 값도 못 건져요. 최소한 일곱 명 이상은 돼야 움직입니다.”

“이작도에 풀등 보러 왔는데…. 그곳에 가서 꼭 확인할 게 있어서 그래요.”

“무슨 일인지 모르겠지만 그건 그쪽 사정이고 안 되는 건 안 되는 거예요.”

하 씨는 요지부동이다. 주말까지는 아직 이틀을 더 기다려야 한다. 조바심이 났다. 하루 두 번, 썰물 때만 나타났다가 서너 시간 머물다 다시 흔적도 없이 사라지는 모래섬, 바닷물이 금세 모래섬을 덮칠 것만 같았다.

“배를 움직일 수 있는 인원이 일곱 명이라고 했나요?”

지갑에서 칠만 원을 꺼내들었다. 하 씨는 어이없는 표정으로 나와 풀등을 번갈아가며 쳐다보다 마지못해 팔각정 아래로 발걸음을 옮긴다. 억지가 통했는지 아니면 나의 간절한 마음을 읽은 것인지. 아무래도 좋았다. 풀등에 갈 수 있다면.

“사방천지 모래뿐인 풀등이 뭐가 볼 게 있다고 그렇게 고집을 부려요.”

하 씨가 2만 원을 도로 건네며 한마디 한다.

“감사합니다. 며칠 머무는 동안 풀등을 또 찾을지도 몰라요.”

하 씨가 굳은 표정을 풀며 조금 웃어 보였다.

“그런데 호미는 왜 가지고 가요. 조개를 캐려면 작은풀안이나 큰풀안해수욕장으로 가야지.”

“그럴 일이 좀 있어요.”

“1시간 후에 다시 올 테니 이곳에서 기다려요.”

해안에서 보트로 500여 미터, 하 씨는 풀등에 나를 내려놓고 물길을 만들며 되돌아갔다. 끝이 보이지 않는 모래섬은 4년 전에 보았던 그 모습 그대로였다. 정운과 함께 앉아 있던 곳을 어림짐작으로 거리를 그어보았다. 찾을 수 있다고 생각했다. 그런데 막상 도착해 보니 어디서부터 시작해야 할지 막막했다. 그야말로 모래밭에서 바늘 찾기였다.

*보증금 없음. 30 전화번호- 010- XXXX -XXXX

전봇대에 붙어 있는 광고지를 만난 건 방학을 한 달 앞두고였다. 구미가 당겼다. 고생이 되더라도 하루 빨리 독립하고 싶었다. 고모의 잔소리도 참기 힘들었지만 무엇보다 새내기 대학생의 자유를 저당 잡히고 싶지 않았다. 보증금도 없이 턱없이 싼 월세가 조금 의심스럽긴 했지만 일단 부딪쳐 보기로 했다.

"광고지 보고 전화했는데 거기 위치가 어떻게 되나요?"

"M아파트 107동 1011호예요. 근데 조건이 있어요. 2명 이상은 곤란합니다."

"혼자예요. 학생."

"그게 좀…. 남자 혼자 사는 집인데 불편하지 않으시겠어요?"

"일단 방부터 보고 결정할게요."

남자 혼자 사는 집이라고 믿어지지 않을 정도로 깔끔했다. 놀랍게도 내가 세 들어 살 방은 안방이었다.

"침대랑 옷장은 부모님이 쓰시던 건데 필요하면 그냥 사용해도 돼요."

"생각보다 크게 불편하진 않을 것 같네요. 제가 집에 있는 시간이 많지 않을 거예요. 아르바이트를 하거든요. 계약하면 내일이라도 당장 들어 올 수 있나요?"

"아무 때나 와도 상관없습니다."

일은 생각보다 쉽게 풀렸다. 방을 빼고 싶으면 아무 때나 나가도 된다고 했다. 그 자리에서 바로 계약서를 작성했다.

집주인 박정운이 결벽증이 있다는 것을 안 것은 이사하고 며칠 뒤였다. 공동으로 사용하는 주방과 거실의 정리정돈과 청결 문제를 지적하며 잔소리를 해댔다. 고모의 잔소리와는 급이 달랐다. 가랑비 피하려다 소나기 맞은 꼴이었다. 병적일 만큼 깔끔한 정운과 매사 대충 대충인 내가 부딪치면서 삐거덕대기 시작했다. 선불로 낸 월세를 포기하고 짐을 싸고 싶을 정도로 정운은 나의 자존심을 건드리곤 했다. 천성은 쉽게 바뀌지 않는 법이다. 마주치지 않는 게 상책이라고 생각했다. 꾹 참고 3개월만 버텨보기로 했다.

싸우면서 정든다는 말은 정운과 나를 두고 한 얘기 같았다. 극과 극인 두 사람이 서로에게 익숙해질 무렵 정운이 겁도 없이 안방 문턱을 넘어왔다. 밀어내지 않았다. 우습게도 우린 그날 처음으로 의견 일치를 보았다. 한 번 무너진 문턱은 있어도 없는 것이나 마찬가지였다. 정운은 시도 때도 없이 안방 문턱을 넘나들었다. 잔소리가 차츰 줄어들었다.

"이거 뭐야?"

식탁에 앉아 맥주를 홀짝이던 정운이 안주로 내놓은 건포도 접시에서 무언가를 꺼내 들며 말했다. 자세히 보니 바퀴벌레였다. 건포도 속에 섞여 있으면 쉽게 구분이 안 될 정도로 크기도 색깔도 비슷했다. 열린 봉지 속으로 들어갔다가 그대로 박제가 된 모양이다. 바퀴벌레라고 말하자 정운이 벌레 씹은 얼굴을 한다. 나는 보란 듯이 건포도 몇 알을 입에 털어 넣었다.

"세상에! 어떻게 바퀴벌레가 든 음식을 아무렇지도 않게 먹을 수가 있어. 너 여자 맞아? 정말 깬다 깨."

"뭐 어때서. 사람들이 모르고 먹는 게 얼마나 많은데."

정운이 질린 얼굴로 나를 바라보았다.

그날 이후 정운은 더 이상 안방 문턱을 넘지 않았다. 신경전은 생각보다 오래갔다. 대이작도 섬 여행을 다녀온 것으로 화해했다고 생각했는데 그게 아니었다.

"배낭여행을 떠날 거야. 인도를 시작으로 여러 나라를 돌아보고 오려고. 한 달이 될지 일 년이 될지 그건 나도 모르겠어. 내가 없는 동안 여기 그냥 계속 있어도 되고 그게 싫으면 따로 방 얻어서 나가도 되고. 암튼 너 편한 대로해."

"갑자기 웬 배낭여행, 아직도 나한테 불편한 감정이 남아 있는 거야? 그런 거라면 털어버려. 새가슴도 아니고 남자가…."

"그런 거 아냐. 벌써부터 계획했던 거야. 암튼 잘 지내. 내 얘긴 여기까지야."

그때 눈치 챘어야 했다. 생각해 보니 정운은 그렇게 이별을 준비하고 있었던 것이다. 생각이 거기에 닿자 갑자기 풀등 그곳에 묻어둔 정운의 메모지 내용이 궁금했다.

그날 우린 모래밭에 나란히 앉아 소주를 나눠마셨다. 말없이 소주잔을 비워내던 정운이 느닷없이 메모지를 꺼내들었다.

"우리 그동안 말로 하지 못한 거 여기에 적어보자."

정운의 말이 떨어지기 무섭게 나는 깨알 같은 글씨로 메모지 앞뒤 장을 채워나갔다. 메모지 가득 이야기가 채워지면 접어서 빈 소주병에 넣었다. 한 장 두 장 나는 계속해서 소주병 안으로 메모지를 밀어 넣었다. 그동안 내게 하고 싶은 이야기가 많았는지 정운은 나보다 두 장을 더 써 넣었다. 우린 약속이나 한 듯 내용이 무엇인지 묻지 않았다. 메모지가 든 소주병을 비닐봉지를 씌워 모래구덩이를 파고 묻었다. 구덩이를 파는 건 정운이 맡고 병을 묻는 건 내가 했다. 소주병을 거꾸로 세워 묻었다. 특별한 이유는 없었다. 우린 그렇게 바다 한가운데 떠 있는 모래섬 풀등에 비밀 이야기를 묻어두고 왔다.

장난처럼 시작한 그날의 의식이 왜 4년이 지난 지금 나를 이 허허벌판 모래섬으로 내몬 것일까? 미처 빠져나가지 못한 바닷물이 군데군데 물웅덩이를 만들어 놓았다. 비릿한 슬픔이 목구멍을 타고 올라온다. 무작정 걷고 또 걸었다. 발밑에 전해지는 모래의 촉감은 부드러우면서도 단단했다. 삼십만 평이 넘는다고 했던가? 한참을 걸어도 끝이 보이지 않았다. 생각은 자꾸만 4년 전 그 여름에 맞춰졌다.

어디쯤에서 무너지듯 모래밭에 주저앉았다. 얼마를 그렇게 앉아 있었을까. 나는 앉은자리에서부터 호미로 모래를 파헤치기 시작했다. 아니, 그가 남긴 비밀 이야기를 캐기 시작했다.

응답하라 1977

임연화 dolbial77@hanmail.net

"그동안 잘들 지냈어요? 또 선물이 왔네요."

초라한 차림의 사십대 초반 여자가 익숙한 걸음으로 선편/반송품 교부창구로 다가왔다. 창구에 나란히 앉아 있던 경숙과 현식은 고개를 가볍게 숙여 인사를 했다. 경숙은 여자가 내민 반송품 통지서를 보며 퉁명스럽게 말했다.

"이건 반송품인데요."

"반송 사유가 '수취 거절'이면 내겐 선물이에요. 딸아이가 거기 살고 있다는 건 확실하잖아요. 그거면 돼요. 내가 무얼 더 바랄 수 있겠어요."

말을 마치고 손수건을 꺼내 눈가를 닦는 여자를 경숙은 못마땅한 표정으로 바라보았다. 고지서를 작성하고 있는 경숙의 손놀림에는 짜증이 잔뜩 묻어 있었다. 여자는 고지서를 가지고 맞은편 수납창구로 갔다. 경숙을 지켜보던 현식이 한마디 했다.

"저 아주머니한테 왜 그래요? 너무 안타까운데……"

"애를 버리지 말아야지, 뒤늦게 찾긴 왜 찾아요? 난 저런 사람들 정말 용서할 수 없어요."

현식은 수납 창구에서 돌아온 여자에게 도장과 주민등록증을 받아 통지서에 도장을 찍고 주민등록번호를 적었다. 현식은 통지서를 가지고 창구 뒤편에 있는 반송품 소포창고로 갔다.

경숙은 여자가 반송품을 찾으러 1년에 서너 번씩 올 때마다 조금씩 들려주던 딸 이야기를 듣고 여자를 미워했다. 여자가 어린 딸을 버린 얘기, 뒤에 찾으려고 여기저기 알아보니 미국으로 입양되었더라는 얘기를 들을 때는 현식의 질책에도 불구하고 여자에게 버럭 화를 내기도 했다. 안타까운 얼굴로 여자의 이야기를 듣는 현식에게도 화를 냈다. 여자가 간 뒤에는 현식에게 값싼 동정하지 말라고 쏘아 붙였다.

넓은 사무실 가운데로 소포를 가득 실은 손수레가 바쁘게 지나다녔다. 항공소포 통관을 하는 네 개의 창구에는 사람들이 많이 모여 웅성대고 있었다. 선편소포 통관대에는 기다리는 사람이 없었다. 손을 놓고 세관원과 잡담을 하던 강재민이 바지 주머니에서 동전을 꺼내 짤랑거리며 말했다.

"이경숙씨, 우리 시간도 죽일 겸 이 동전 좀 처분하러 갑시다."

경숙은 재민이 내민 손바닥 안의 동전을 보며 기억하기 싫은 장면이 떠올라 머리를 가볍게 흔들었다. 경숙은 발딱 일어나 재민의 손에서 동전을 빼앗아 먼저 휴게실 쪽으로 걸어갔다. 재민은 어이없는 표정을 지으며 현식에게 말했다.

"우리 갔다 올 때까지 내 자리까지 잘 좀 부탁해요. 우리 계장 오면 말 좀 잘 해주시고."

재민은 불쾌한 표정을 애써 감추고 있는 현식에게 한 쪽 눈을 찡긋해 보이고는 경숙을 뒤쫓아 갔다. 경숙은 자판기에서 커피 두 잔을 뽑아 탁자 위에 올려놓았다. 남은 동전 네 개를 만지작거리며 익숙한 장면을 떠올렸다.

가파른 언덕 위에 대여섯 살쯤 되는 여자아이가 혼자 우두커니 서 있다. 아이는 엄마가 방금 손바닥에 올려놓고 간 동전 두 개를 내려다보고 있다. 엄마는 아직도 언덕을 내려가고 있는 중이다. 그 애는, 뒤도 돌아보지 않고 언덕 아래로 점점 멀어져 가고 있는 엄마를 무표정하게 보고 있다. 어둠이 올라오는 언덕 아래에서 하나의 흰 점이 된 엄마는 이내 막다른 골목을 돌아 사라졌다. 그 애는 생전 웃지 않던 엄마가 어색하게 웃으며 동전까지 주고 간 걸 이상하게 생각했다. 어둠은 서서히 언덕 위를 덮쳤고 그 애는 먹빛 어둠을 고스란히 받으며 그냥 언덕 위에 서 있다.

경숙은 머리를 흔들며 재민에게 큰소리로 말했다.

"강재민 씨, 우리 오늘 저녁도 어디 가서 신나게 놀아 볼까?"

“좋지. 내가 우리 멤버들 연락해서 모이라고 할 테니까 기대하라구.”

퇴근을 알리는 벨이 넓은 홀에 길게 울려 퍼졌다. 현식은 경숙에게 다가와 굳은 표정으로 말했다.

“오늘은 나하고 같이 퇴근합시다.”

“안되겠는데요. 약속이 있거든요.”

“성가대 연습 있는 날입니다. 요즘 왜 자꾸 연습에 빠지는 거죠?”

“내 맘 내킬 때 갈 테니까 나 보고 이래라 저래라 하지 말아요. 난 강요당하는 거 딱 질색이거든요.”

“연습 끝나도 올 때까지 기다릴 거니까 늦더라도 연습실에 들렀다 가요.”

“나한테서 관심 끊어요. 헛수고만 하는 거니까.”

현식은 경숙의 면박에 대꾸하지 않고 빠른 걸음으로 출입문을 향해 걸어갔다.

퇴근 후 경숙은 재민이 알려준 술집으로 가지 않았다. 갑자기 그들과 놀고 싶은 마음이 사라졌다. 수시로 변하는 자신의 마음을 감당하기가 버거웠다. 버스를 타지 않고 집이 있는 방향으로 걸었다. 외투 단추를 목까지 잠그고 걸음을 재촉하여 화려한 불빛거리를 빠져나왔다. 발밑으로 기차가 뱀처럼 휘어져 지나가는 다리 위를 지났다. 사람 하나 없이 가로등만 음산하게 떨고 있는 공원 저편으로 따뜻한 불빛이 보였다. 불빛은 동화 속의 스머프 마을처럼 예쁘게 꾸며 놓은 제과점에서 흘러 나왔다. 경숙은 유리문 앞에서 주춤거리며 가게 안을 들여다보았다. 스머프 마을의 개구쟁이 아이들이 엄마 아빠와 마주앉아 빵과 아이스크림을 먹으며 장난을 치고 있었다. 유리문을 밀고 들어갔다. 따스한 바람이 언 볼에 얼얼하게 와 닿았다. 단란한 스머프 가족과 멀리 떨어져 구석 자리에 가 앉았다. 경숙은 따뜻한 우유 한 잔을 샀다. 뜨거운 우유 잔에 두 손을 녹이며 천천히 우유를 마셨다. 멀리 보이는 스머프 가족의 모습을 오래오래 지켜보면서.

경숙은 제과점을 나와 지나는 이 없이 바람만 매서운 한강 다리를 건너 집 앞까지 걸어갔다. 대문 앞에 서서 집안의 창문들을 올려다보았다. 주인집의 커다란 마루문에서 환한 불빛이 쏟아져 나왔다. 그 불빛 속에는 주인집 아이들의 까불거리는 소리와 넉넉한 몸집의 주인 내외가 터뜨리는 호탕한 웃음소리가 섞여 있었다. 옆에 붙은 경숙의 작은 창문엔 어둠만 가득했다. 빈 마당엔 달빛이 하얗게 내려와 있었다. 환한 달빛 속에서 경숙의 방은 동굴처럼 검은 입을 벌리고 있었다. 경숙은 발길을 돌려 거리로 나왔다. 주택가 골목에는 집집이 사람들의 소리로 소란스러웠다. 그릇 달그락거리는 소리, 노랫소리, 웃음소리, 싸우는 소리 등이

갖가지 음식 냄새 속에 섞여 골목 안으로 흘러들었다. 경숙은 어깨를 축 늘어뜨리고 달빛과 가로등 불빛이 뒤섞인 거리를 걸었다. 재민과 약속한 술집으로 향했다. 술집에는 재민과 선편 통관계의 또래 남자 직원 네 명이 더 있었다. 재민은 경숙을 보자 펄쩍펄쩍 뛰며 좋아했다. 멤버들은 이미 술에 취해 있었다. 경숙은 재민과 다른 멤버들이 따라 주는 술을 사양하지 않고 계속 마셨다. 밤이 깊어 홀 음악이 좀 조용해지자 경숙은 일행을 손짓해 불렀다.

"옛날에 어떤 멍청한 계집애가 있었어."

"웬 옛날 얘기?"

경숙은 혀 꼬부라진 소리로 일행에게 얘기를 계속했다.

"그 계집애는 시장 간 엄마를 기다리며 이십 년 동안 집 앞 언덕 위에 서 있다는 거야."

"그 여자, 애 버리고 도망갔구나."

"아니, 시장이 멀어서 여태 안 돌아왔대."

"달나라 시장에 갔어도 벌써 왔겠다, 흐흐흐."

그들은 저마다 한 마디씩 하며 낄낄거렸다. 경숙은 맥주 한 잔을 따라서 단숨에 마셨다. 감기려는 눈을 치켜뜨고 천천히 말을 이어갔다.

"다섯 살 난 그 계집애는 지금도 그 언덕을 떠나지 않고 있어.

그 멍청한 계집애는 지금까지도 엄마와 싸움을 하고 있다는 거야. 엄마가 올 때까지는 절대로 자라지도 않을 것이고 그 언덕에서 한 발자국도 물러나지 않을 거라고 떼를 쓰고 있다는 거야."

"걔, 바보 아냐."

"와, 멋지다! 그 맹랑한 계집애를 위하여 건배!"

"출구 없는 우리의 청춘을 위하여 건배!!"

그들은 비틀거리며 술집을 나왔다. 걸음걸이가 흐트러지고 여기저기서 토악질을 해대었다. 찻길로 나온 그들은 수단껏 택시를 잡아타고 가기로 했다. 그들은 흔들리는 몸으로 도로에 나가 행선지를 외쳤다. 경숙은 그들처럼 열심히 택시를 부르지 않았다. 그들이 하나 둘 떠나가고 재민과 그녀만 다른 취객들 틈에서 있었다. 바람이 보도 위의 쓰레기들을 휩쓸고 지나갔다. 재민은 비틀거리는 그녀를 부축하며 은근한 눈빛으로 말했다.

"이경숙씨, 우리 '삼 차' 어때?"

"좋지. 장소는 각자 따로 하자구."

경숙은 재민의 손을 뿌리치고 도로로 나가 주춤거리는 택시를 향해 소리쳤다.

"따따불, 장승백이!"

택시에서 내린 경숙은 추운 바람 앞에 맨몸으로 서 있는 은행

나무 가로수를 따라 언덕 위로 올라갔다. 언덕 끝에서 방향을 돌렸다. 컴컴한 하늘 위로 까마득하게 돌계단이 이어졌다. 비틀거리며 계단을 하나씩 오를 때마다 가쁜 숨을 몰아쉬었다. 달빛 속에 경숙의 그림자가 심하게 흔들렸다. 이따금씩 바람이 거리의 소음을 끌고 올라왔다. 계단 끝에 교회 십자가 탑이 나타났다. 톱으로 연주하는 찬송가 소리가 가느다랗게 들려왔다. 가는 금속성의 애절한 가락을 따라 본관 건물 뒤쪽으로 걸음을 옮겼다. 잔가지뿐인 쥐똥나무 생울타리 위로도 달빛이 내려와 반짝이고 있었다. 그녀는 교육관 성가대 연습실로 가서 유리창 안을 들여다보았다. 연습실 안에는 현식이 혼자 톱을 연주하고 있었다. 그는 의자에 앉아 두 다리 사이에 톱을 끼우고 톱 끝을 잡은 왼손으로 톱을 휘었다 폈다하면서 오른손에 쥔 활로 톱니 사이를 아래위로 천천히 비벼 나갔다. 그가 무릎을 심하게 떨면서 내는 가락은 나뭇가지 끝에서 몸을 떨고 있는 바람의 울음소리 같았다. 그는 눈을 지그시 감고 자신이 연주하는 선율의 세계에 깊이 빠져들었다. 경숙은 벽에 등을 대고 서서 그가 느린 템포로 연주하는 '어메이징 그레이스(AMAZING GRACE)'를 들었다. 가슴을 파고드는 선율은 끊일 듯 끊일 듯 가냘프게 이어졌다. 경숙은 가슴을 두 손으로 감싸 안고 쥐똥나무 생울타리 옆에 앉았다. 연주가 끝나자 짙은 정적이 가락의 여운을 덮었다. 올려다보니 따뜻한 불빛이 창문에 수채물감처럼 번져 있었다. 연주를 끝낸 현식은 책상 위에 얼굴을 묻었다. 경숙은 출입문으로 다가가 손잡이를 만져 보았다. 부드러워진 바람이 창문을 살짝살짝 흔들었다. 손잡이를 놓고 돌아서는 경숙을 따뜻한 바람이 감싸 안았다. 까만 어둠 속에서 쥐똥나무 잔가지들이 수런수런 긴 얘기를 시작했다.

인스턴트 가족

이병숙 dulmaru@hanmail.net

은우가 행방불명 된 지 사흘이 지났다. 갈 만한 곳을 모두 찾아보았지만 흔적도 없고 신고한 파출소에서도 아무런 연락이 없다. 애가 타는 엄마 아빠는 회사에 휴가를 내고 은우가 갈 만한 데는 샅샅이 찾아 헤맸다.

"아니 넌 지금 그렇게 밥이 목구멍으로 넘어가니?"

은우 때문인지 다른 날보다 일찍 퇴근해 들어오던 아빠가 식탁에 혼자 앉아 밥을 먹는 은영을 향해 내뱉는다. 빈정거림이 잔뜩 들어간 말투다. 은영은 밥을 입에 문 채 일어나 고개를 숙인다. 퇴근하는 아빠를 맞는 인사인지 질책에 대한 반응인지 애매하다.

"밥 먹는 애한테 왜 그래. 그러다 체하겠다. 은영아 괜찮아 어서 마저 먹어"

같이 들어온 엄마가 역성을 들어준다.

"다른 사람도 아니고 지가 동생을 데리고 나가 잃어버리고 어쩌면 저렇게 태연할 수 있냐고. 천하에 인정머리 없는 것"

아빠의 말투로 보아 잔뜩 화가 난 표정일 것 같아 은영은 고개를 들지 못한다.

"그렇다고 얘까지 굶을 수는 없잖아. 굶는다고 은우가 돌아오는 것도 아니고. 괜히 마음에도 없는 소리를 하고 그래"

엄마는 은영과 아빠를 번갈아 보며 말하고는 아빠를 안방으로 밀어 넣는다.

엄마는 먹던 것 마저 먹으라고 달래주었지만 은영은 그만 먹으려던 참이라며 남은 밥과 반찬들을 음식물 분쇄기통에 넣고 갈아버린다. 엄마 아빠는 여느 날처럼 밖에서 저녁을 먹고 들어오는 것일 게다. 밥이 목구멍으로 넘어가느냐고 일갈하는 아빠의 말투를 보아서는 굶었을 수도 있다. 하지만 하루 이틀도 아니고 그냥 상황이 편히 밥 먹을 처지는 아니라는 뜻으로 한 말일 게다.

은영은 방에 들어와 은우를 안고 해맑게 웃고 있는 자신의 사진을 들여다본다.

"은우야, 잘 있는 거지?"

초롱초롱한 은우의 눈망울을 바라보는 눈에 눈물이 핑 돈다.

칠 년 전 처음 이 집에 발을 들여놓던 순간 은영은 숨이 멎는 것 같았다. 텔레비전에서나 보던 아파트는 넓고 깔끔했다. 정말 이 집이 앞으로 자신이 살아갈 집인지, 정말 엄마 아빠가 생긴 건지 얼떨떨하고 이상하게 겁도 났다.

엄마는 예쁘게 꾸민 방으로 안내하고 '이게 네 방이야' 하고 만면에 미소를 지었다. 반응을 기다리는 엄마에게 은영은 연습한 대로 활짝 웃으며 '엄마 아빠 감사합니다' 두 손 모아 인사를 하고 강중강중 뛰다가 침대에 걸터앉았다. 엄마 아빠는 흡족한 표정으로 은영을 바라보았다. 은영이 좋아해서 흡족한 게 아니라 자신들의 선택이 흡족해서 라는 걸 그때는 몰랐다. 일종의 자선에 대한 자아만족이라는 걸.

엄마는 은영에게 가장 먼저 전자렌지 냉장고 식기세척기 오븐 등 가전제품 사용법을 일러 주었다. 사용법이라기보다 마트에서 사온 인스턴트식품이나 반조리된 식품을 익혀 먹는 일상을 습득시켜준 것이다. 은영은 신기하기도 하고 맛도 있어 쉽게 익혀나갔다. 엄마는 밥이나 간식을 사 먹으라며 용돈도 충분히 주었다.

유명 의류회사 디자이너인 엄마와 방송국 피디인 아빠는 너무 바쁘다. 아침에 일어나는 것도 다른 집처럼 엄마나 아빠가 깨워주지 않는다. 늘 혼자 일어나 보면 엄마 아빠는 허둥지둥 출근한다. 알아서 빵과 우유를 먹고 학교로 간다. 저녁도 엄마 아빠는 먹고 들어온다. 은영은 냉장고에서 반조리된 식품을 꺼내 전자렌지에 데워 먹거나 라면을 끓여 먹는다. 주말이면 엄마 아빠는 마트에 가서 많은 식품을 사서 냉장고에 쟁여 놓는다. 가끔 엄마와 아빠가 같이 밥을 할 때도 있다. 밥을 해서 식탁에 둘러앉아 먹으면 정말 가족이 생긴 걸 실감한다. 하지만 그런 날은 한 달에 한두 번 정도 된다. 부엌에서 그릇 달그락거리는 소리와 음식 냄새가 나면 아늑하고 기분이 좋았다. 보육원에 있을 때는 일상이라 못 느꼈는데 이 집에 들어와서는 특별한 날에만 느낄 수 있는 일이고 보니 그립기까지 했다.

처음 집에 들어와서 '엄마 아빠'라고 했을 때 아빠는 의아해 했다. 어떻게 두어 번 본 사람들에게 저렇게 쉽게 엄마 아빠라 부를 수 있냐며 엄마를 향해 고개를 흔들었다. 두 사람의 눈치를 살피던 은영은 '좀 징그럽다' 는 귀엣말까지 들었다. 순간 김이 나는 음식이 순식간에 얼어버리듯 마음이 얼어붙었다. 은영은 원장님이 가르쳐준 대로만 하면 되는 게 아니란 걸 직감했다. 그렇다고 달리 어찌해 볼 요량도 없어 못 들은 척했다. 하지만 징그럽다는 말은 자신에 대한 엄마 아빠의 인식으로 깊게 각인 되었다. 그건 고아라는 것보다 더 깊은 상흔이었다.

은영은 원장님 당부대로 열심히 공부했다. 당연히 성적이 좋았다. 하지만 엄마 아빠는 은영이 공부 잘 하는 걸 별로 달가워하지 않았다.

"재 왜 저렇게 공부 잘하는 거야. 저러다 유학까지 보내달라고 하는 거 아냐?"

"안 되지. 재가 우리 노후를 책임질 것도 아니고, 안 돼"
좋아할 줄 알고 엄마 아빠에게 성적표를 보여주고 제 방으로 들어가서 채 방문을 닫기 전에 들린 말이다.

일주일이 지나도 은우는 돌아오지도 않고 소식도 없다. 당장 무슨 일을 낼 것 같던 엄마 아빠는 점점 일상으로 돌아가는 듯하다. 은영은 초조해진다.

"엄마. 이러다 은우 영영 못 찾으면 어떡해요?"

"할 수 없지 뭐. 마음은 아프지만 다 운명으로 받아들여야지"
위로해 주는 엄마가 어쩐지 남의 일처럼 얘기하는 것 같아 은영은 서운하다.

"현상금이라도 걸고 전단지 만들어 여기저기 붙여놓으면 어떨까요?"

"어이그 뭘 번거롭게 그렇게까지 해. 됐어. 우리도 할 만큼 했잖아. 이제 그만 잊자구"

아빠가 단호하게 말한다. 소름이 돋을 만큼 냉정한 말투다.

"그래도 가족이잖아요. 찾아볼 수 있는 방법은 다 해봐야지요"

"가족으로 생각하니까 휴가까지 내고 찾아봤잖아. 파출소에 신고도 하고. 엄마 아빠가 같이 휴가를 낸다는 게 얼마나 힘든 일인지 넌 몰라. 아니 처음에는 인정머리 없게 덤덤하더니 이제 왜 이리 집착을 해?"

아빠는 휴가를 냈다고 대단한 선심을 쓴 것처럼 말했지만 겨우 하루였다.

"당연히 엄마 아빠가 찾아주시리라 믿었죠. 저한테는 동생이지만 아빠 엄마한테는 자식이잖아요. 자식을 그렇게 쉽게 포기할 수는 없잖아요. 현상금 걸고 전단지 한번 붙여봐요. 네?"

은영은 눈물을 글썽이며 애원한다.

"야. 말이 그렇다는 거지, 어떻게 개가 자식이 돼. 넌 솔직히 진짜로 동생이라고 생각해? 그렇다면 그것도 이상한 거야. 동물을 가족처럼 생각한다고 진짜 가족이 되는 건 아니지. 그리고 전단지 그거 생각하는 것만큼 간단한 게 아니다. 현상금만 보고 비슷한 개는 다 데려오고 전화 해오고, 문자 보내오고 그거 다 받아주다 보면 아무 것도 못해. 그냥 잊어. 다 제 운명이야"

아빠는 아주 단호하게 못을 박는다.

"연락 전화번호는 제 번호로 할게요. 현상금 50만 원만 걸고 전단지 붙이면 분명 찾을 수 있을 거예요,"

"50만 원! 그 돈이면 새로 입양도 할 수 있겠다. 정 못 잊겠으면 그 방법도 괜찮겠네. 이번에는 다른 종으로"

"아빠!"

은영은 자신도 모르게 외마디로 아빠의 말을 자른다

"아니 얘가 왜 이리 정색을 하고 그래. 왜 ?"

아빠가 놀라 되물었지만 은영은 눈물만 흘리고 대꾸를 할 수가 없다. 어떻게 그렇게 간단하게 입양이라는 말을 할 수가 있는지 따지고 싶지만 더 무서운 답을 할 것 같아 차마 말을 꺼내지 못한다.

"아니에요. 알았어요"

은영은 포기하고 수긋하게 대답한다. 가슴 한쪽이 무너져 내리는 것 같다.

"그래. 나도 말 못하는 그게 어디 가서 무슨 일을 당하고 있을지 상상하면 마음이 아파. 네 말대로 뭐든 더 해보고 싶어. 하지만 엄마도 아빠도 이제 다른 데 신경 쓸 수가 없어. 아빠는 프로 개편으로 신경이 날카롭고, 나도 내년 봄 신상품 개발로 밀라노로 출장도 가야 해. 너도 이제 곧 고등학교에 들어가니 바빠질 것 아냐. 지금은 많이 안타깝겠지만 시간이 지나면 다 괜찮아져. 야박해도 현실은 현실이야. 사실 말이지 진짜 자식이나 부모를 잃고도 다 살아가지 않든. 시간이 약이다."

엄마는 흐느끼는 은영의 등을 쓸어주며 달랜다.

은우는 이 년 전에 입양했다. 가족 모두 소원하게 느끼고 있던 때였다.

은영은 중학교에 입학하면서 가족이란 개념에 대해 회의를 느끼기 시작했다. 아니 부모가 생겼다는 기대가 허물어지고 있었다. 진심으로 딸이 되고자 노력하면 할수록 엄마 아빠는 경계를 하는 것 같았다. 부모들은 자식이 뭐든 잘하면 좋아한다는데 엄마 아빠는 뭐든 잘 하는 걸 마뜩잖아하는 눈치였다. 엄마 아빠가 기특해 할 줄 알고 요리책을 보며 저녁밥을 지어놓은 날도 오히려 질색을 했다. 누가 보면 너 부려먹으려고 입양한 줄 알겠다며 다시는 이런 짓 하지 말라고 했다. 엄마 아빠는 어떤 틀 안에 자신이 갇히기를 바라는 것 같았다. 은영은 그 틀이 너무 좁게 느껴졌다. 은영은 부쩍 말수가 줄어들었다. 제 방에서 나오지 않는 날이 많았다.

"쟤 왜 저래. 뭐가 불만이래?"

아빠는 은영이 들으라는 듯 큰소리로 불만을 터트렸다.

"사춘기잖아. 놔둬"

"그래도 그렇지. 우리가 지 눈치 보게 생겼어. 이거야 원 집안 공기가 무거워서."

거실에서 들려오는 엄마 아빠의 대화에 은영은 아예 마음의 문조차 닫았다. 집안 분위기는 점점 더 묵언의 시위현장처럼 무거워져 갔다. 분위기를 견디기 힘들어질 무렵 은영은 물론 엄마 아빠는 이 분위기를 벗어날 방도를 찾기 시작했다. 신선한 매개체가 필요했다. 은영을 입양했을 때 정체된 분위기가 바뀐 걸 떠올리며 다시 입양을 생각했다. 입양 후 즐거움 보다는 부담을 더 많이 느낀 엄마 아빠는 강아지를 입양하기로 했다. 마치 대형마트에서 가장 맛있고 위생적으로 잘 조리된 반조리 식품을 고르듯, 말귀 알아듣고 예쁘고 건강하고 온순한 놈으로 골랐다. 은영은 자신이 입양될 때도 이런 조건으로 골라졌다는 걸 깨달았다. 조금은 씁쓸했지만 선택된 것만도 감사한 일이라 생각했다.

작고 흰 푸들을 입양했다. 이름은 은영이 동생이라 은우라 지었다. 각자 제방에서 제 할 일만 하던 가족들이 거실에 모여 은우의 재롱을 보느라 웃음꽃이 피었다. 엄마 아빠는 진작에 강아지를 입양할 걸 그랬다고 했다. 은영은 자신을 입양할 때 자신이 아니라 처음부터 강아지를 입양할 걸 그랬다는 말로 들렸다. 은영은 재롱을 부리는 은우를 보며 나도 저랬어야 하는 거였나 싶기도 했다. 하지만 애교를 부리려고 하다가도 이 집에 처음 왔을 때 '어째 좀 징그럽다'며 찡그리던 아빠 얼굴이 떠올라 움츠러들곤 했다. 은영은 자신도 은우도 엄마 아빠의 눈에 나지 않게 하기 위해 은우를 정성껏 보살피고 훈련시켰다. 목줄을 하고 근처 공원에서 산책도 시켰다. 가끔 엄마 아빠도 동행하는데 세상 가장 화목하고 아름다운 가족 풍경으로 보였다. 그러나 이제 그 풍경은 흐려지거나 어디 한 구석이 뭉개지고 있는 것 같다.

화창한 초겨울. 바람은 차지만 햇볕은 따사롭다. 은영의 발걸음은 가볍다. 유년을 보낸 보육원이 멀리 보인다. 입구에 다다르자 쏜살같이 은우가 달려와 안긴다.

“잘 있었어”

은영도 얼싸안고 볼을 비빈다. 은우를 뒤따라온 아이들이 은영을 에워싼다.

은우를 입양하고 은영은 정말 좋았다. 집안 분위기도 좋아지고 의지도 되고 엄마 아빠와의 어색함도 은우 덕에 편해졌다. 그런데 엄마 아빠가 자신보다 은우를 더 챙기고 애정을 쏟으니 순간적으로 질투심이 일 때도 있었다. 알아서 잘 돌봐 주는데도 은우에 대해 이런저런 잔소리를 하면 짜증이 났다. 문득 은우가 없어지면 엄마 아빠가 어떻게 할까 궁금해졌다. 텔레비전에 잃어버린 자식을 찾는 부모의 모습도 떠올렸다. 직장도 그만 두고 식음도 전폐하고 전단지를 돌리며 눈물로 연락을 호소하는 모습. 아무리 은우를 자식으로 생각한다고 해도 강아지인데 그 정도까지는 안 하겠지만 그래도 전단지까지는 만들 줄 알았다

가정 형편이 어려운 친구에게 집에 일이 생겨 돌볼 수 없으니 며칠만 맡아 달라고 부탁하고 집에는 잃어버렸다고 했다. 당연히 애가 닳은 부모님은 현상금이라도 걸고 찾을 줄 알았다. 그러면 친구에게 현상금을 받게 해줄 생각이었다. 은영은 친구에게

잠깐 맡겼다 찾아오려던 은우를 보육원에 보냈다.

은우의 뒤를 따라온 애들의 손을 잡고 보육원 안으로 들어간다. 애들 대부분은 자신을 반겨주고 부러워한다. 그러나 몇몇 아이들은 오히려 미워한다. 자기들을 무시한다거나 자랑하러 오는 거냐며 오지 말라고도 한다. 은영은 뜨끔했다. 결코 애들이 생각하는 것만큼 행복한 것 같지도 않으면서 겉으로는 그렇게 보이는 게 좋았다. 그러면 안 되는 줄 알면서도 자신은 이 애들과는 다른 부류의 사람이란 생각이 들곤 했다. 정말 자주 오면 안 될 것 같았다. 은영은 은우를 꼭 안아주고는 행복해야 된다고 속삭여 주고 발길을 돌린다.

집에는 아무도 없다. 엄마는 삼 일 전 이탈리아로 떠났고 아빠도 설날 특집 프로를 만든다며 오늘 중국에 갔다.

새삼스레 집이 크고 허전하게 느껴진다. 엄마 아빠가 없어서 그런 게 아니라 은우가 없어서 그런 것 같다. 아니 생각해보니 허전한 게 오늘만은 아니다. 엄마 아빠는 같이 있어도 자기 일이 바빠 늘 혼자 있는 것 같았다. 그나마 삼 년 후 아빠가 정년퇴직하면 엄마도 회사를 그만 두고 같이 해외로 자주 나갈 거라고 했다. 그러다 마음에 드는 곳이 있으면 정착할지도 모른다고 했다. 그 말은 은영이 고등학교를 졸업하면 다시 고아가 될 수도 있다는 말이다. 그래도 상관없다. 고아란 양육해 줄 부모가 없는 사람이기도 하지만 부양해야 할 부모가 없는 사람이기도 하다. 삼 년 후면 양육보다는 부양의 비중이 커지는 때다.

엄마 아빠는 이럴 거면 왜 나를 입양을 했을까 하는 의문이 문득문득 들곤 했다. 은우를 입양하고 나서 조금씩 그 의문이 풀리는 것 같았다. 밥을 안 먹고 살 수만 있으면 그러고 싶은데 안 먹을 수 없으니 인스턴트 음식이라도 먹는 것과 비슷하다. 자식이 없는 게 편한데 어떤 이유에선가 필요해져서 입양이라도 한 것 아닌가 싶었다. 그 어떤 이유인지는 구체적으로 모른다. 어쩜 그 이유가 소중한 것일지도 모른다. 그랬으면 좋겠다. 그러나 어떤 한계를 지워놓고 대하는 걸 보면 마지못한 선택인 것 같다. 처음에는 그랬어도 살다보면 진정한 부모 자식이 될 수도 있지 않을까 기대도 했다. 이제 그 기대는 유통기한 지나버린 인스턴트식품처럼 버렸다.

아무래도 동생을 다시 입양해야 할 것 같다. 컴퓨터를 열어 인터넷으로 검색을 시작한다. 푸들 비숑프리제 말티즈 치와와 역시 작은 강아지가 귀엽고 예쁘다. 혼자는 외로우니까 이번에는 말티즈와 치와와 두 마리를 입양할까 하는 생각 끝에 종을 바꾸자는 아빠 말이 떠오른다. 강아지 종류를 바꾸자는 말이겠지만 아예 개체를 바꾸면 어떨까 싶다. 강아지 말고는 고양이가 제일 보편적이다. 강아지 누나도 했으니 고양이 언니를 해보는 것도 나쁘지는 않을 것 같다. 다시 고양이 종류를 검색한다. 가끔씩 길에서 보던 길고양이들은 지저분하고 무서웠는데 화면에 소개된 고양이들은 깔끔하고 귀엽다. 엄마 아빠의 입양기준인 건강하고 예쁘고 온순한 놈을 고르면 흰색의 터키쉬앙고라가 좋을 것 같다.

과연 엄마 아빠가 좋아할까. 불안하긴 하다. 뭐 강아지 부모도 했으니 고양이 부모를 해보는 것도 재미있지 않을까. 출장길에서 돌아온 엄마나 아빠가 야옹 하고 맞아주는 고양이를 보면 어떤 반응을 보일까.

'어째 좀 징그럽다' 라면서 얼굴을 찌푸리지 않을까. 그래도 상관없다. 그때 그랬어도 지금껏 잘 살고 있잖아.

은영은 비죽비죽 웃는다.

감또개

김미희 1118kmh@hanmail.net

'다섯 시입니다. 주인님아 빨리 일어나세요.'하고 알람이 요란하게 울렸다. 시끄러운 소리에도 남편은 일어나지 않는다. '일어나지도 않을 거면서 왜 알람은 맞추어 놓는 거야?' 나는 중얼거리며 침대 옆 협탁에 있는 알람시계를 소리나게 탁 껐다. 그때 내 휴대폰에서 진동음이 음이 '부우'하고 울렸다. 나는 휴대폰을 들고 안방을 나와 화장실로 들어갔다. 변기에 앉아 휴대폰의 문자를 확인하던 나는 소변을 볼 생각도 못하고 벌떡 일어났다.

-정인상사 이진수 부장님이 어제 운명하셨습니다. 발인은 5월 2일 제일장례식장

그의 부고였다. 몇 번을 다시 봐도 같은 내용이었다. 그의 부모가 아닌 그가 죽었다고 했다. 나는 주방 옆 발코니로 나가 그의 휴대폰에 전화를 했다. 새벽하늘이 부옇게 밝아오고 있었다. 전화는 계속 통화 중이었다. 그의 동생이라고 했다. 마라톤을 하다가 갑자기 쓰러져 병원으로 가는 도중 죽었다고 했다.

그러고 보니 그의 부고는 어젯밤 뉴스를 통해서 먼저 들었다.

근로자의 날 기념 마라톤을 하는 중에 40대 남자가 심장마비로 죽었다고 뉴스 말미에 사건 사고를 전달했다. 우리 부부는 거실에 텔레비전을 켜놓고 감나무 아래 테이블에서 맥주를 마셨다. 봄바람은 포근했고 마라톤을 하는데 적당한 날씨였다. 감꽃이 하얗게 떨어져서 마당 가득했다. 오래된 감나무는 잎만 무성하고 감은 열리지 않았다. 이사 올 때부터 남편은 감나무를 베어버리자고 했다. 나는 감나무가 마음에 들었다. 그늘이 가지 않는 정도에서 가지치기를 했다.

어제 낮에 외출하다가 시청 앞과 청계천 주변에서 마라톤 대회로 인한 엄청난 인파를 보았다. 그는 춘천이나 경주까지 가서 마라톤 대회에 참가할 정도로 열심이었다.

'천박하게 마라톤은 왜 해.'

뉴스를 들으며 남편은 모르는 주검을 비웃었다. 남편의 말이 거슬렸다. 그가 마라톤하는 것을 몰랐다면 나도 그런 뉴스조차도 기억나지 않았을 것이다.

전화로 확인을 하고도 그가 죽었다는 말이 실감나지 않았다. 그 많은 인파 중에서 왜 하필 그였을까. 나는 자는 딸의 방에서 인터넷으로 어젯밤 뉴스를 다시 보았다. 혹시 그의 죽음에 대한 기사가 없나 검색을 했다. 휴대폰 단체대화방에는 아직 아무도 그의 부고를 말하지 않았다.

시계를 보았다. 5시 반이 지나고 있었다. 헬스 가방을 챙겨서 나왔다. 월요일 새벽 수영장엔 사람이 거의 없었다. 나는 구석진 레인을 차지하고 돌았다. 배영, 접영. 평영, 자유형을 조금 가다가 바꾸고 반 바퀴 돌다가 바꾸고 했다. 한 바퀴를 도는데 몇 번을 멈췄다. 잠수를 하여 숨이 멈출 때까지 버티다가 튀어 올라왔다. 물의 부드러움이 싫었다. 가슴이 답답했다. 뭔가 해야 한다는 생각뿐 할 일이 없었다.

그와 아주 간단하게 끝나버렸다. 그는 자신의 죽음을 알았을까. 돌연사한 자기 죽음을 이해했을까. 그의 목소리가 환청으로 들렸다. 그의 집요함은 저승에서도 나를 괴롭힐 모양이다.

수영장에서 돌아 온 나는 남편을 출근 시키고 아이를 태워 집을 나섰다. 아이를 학교에 내려 주고 사무실 방향이 아닌 반포대교를 건너 계속 달렸다. 길은 도시 외곽으로 이어졌다.

나는 대학교 앞 미장원에 들어갔다. 세 명의 미용사가 일어서며 인사를 했다. 학군단이었던 그는 학교 앞 미용실에서 머리를 잘랐다. 2주일마다 머리를 자르고 단정하게 제복을 입고 다니는 그가 조금은 질렸다. 미용사에게 머리를 아주 짧게 자르고 퍼머넌트를 해달라고 했다. 미용사들은 이구동성으로 긴 머리가 잘 어울린다고 했다.

"그렇게 짧게 자르고 뽀글이 파마하면 완전 아줌마 같을 텐데요?"

"아줌마가 아줌마 파마하는데 뭐가 이상해요?"

머리를 자르는 가위질 소리가 내 인생을 뭉텅이로 잘라내는 듯 섬뜩하게 들렸다. 가위로 그와 연관된 모든 기억들도 잘려나가길 바랐다. 앞으로 얼마나 오랫동안 힘들어질까. 나는 불길한 예감에 진저리쳤다.

동창회장인 정현의 전화가 왔다.

"진수 연락받았지. 너무 놀라서 일이 손에 안 잡힌다. 그 자식 요즘 쓸데없이 마라톤 한다고 새카맣게 하고 다니더니."

"새벽에 문자 받았어."

나는 말에 감정을 싣지 않으려고 애썼다.

"나는 아침에 잠깐 다녀왔어. 진수 어머니랑 부인은 기절해서 일어나지도 못하더라. 오전에 부검한다고 했는데 아마 심장마비 일거야. 걔가 지병은 없었잖아. 혜정아, 너는 괜찮니. 단톡방에서 다들 너무 충격 받아서 정신을 못 차리는데 너는 말이 없어서. 밤에 문상 갈 거지?"

미용사의 손놀림은 섬세하지 못했다. 나는 머리만 자르고 퍼머넌트를 취소했다. 목덜미가 추웠다. 머리가 하나도 매달려 있지 않는 느낌이어서 자꾸 고개를 흔들었다. 사무실에 전화를 했다. 사무실에서도 그의 부고를 알고 있었다.

집으로 왔다. 단체대화방에는 그에 대한 조의 문자로 넘쳐났다. 초등학교 앨범에서 사진을 찾아내어 올리고 군대사진, 결혼식사진도 올렸다. 나도 '고인의 명복을 빕니다.'라는 의례적인 문장을 올렸다. 또 보험은 들었는지, 회사에서 퇴직금은 얼마나 나오는지, 돌연사, 심장마비 등 건강정보에 대해서도 각자 아는 대로 떠들었다.

"할 말은 아니지만 혜정아, 너 진수랑 결혼하지 않기를 정말 잘했다. 나 오늘 바빠서 문상 못 가는데 내 부조금 5만원만 좀 해 줘."

미경이 개인 톡으로 말을 걸어왔다. 나는 휴대폰을 꺼버렸다.

그가 마라톤을 하지 못하게 말렸어야 했나. 깡마른 그가 왜 속도에 미쳤는지를 알지 못했다.

마당에 떨어진 감꽃을 하나씩 밟아 짓뭉갰다. 모두 감꼭지까지 달린 감또개다. 감나무를 쳐다보았다. 올해도 감은 하나도 달리지 않았다. 정원 관리 회사에 전화를 걸어 감나무를 베어달라고 주문할 참이었다.

산산

전이영 teras365@hanmail.net

—시팔, 다 죽여 버릴 거야!

쿵, 소리에 산산의 고개가 왼쪽으로 돌았다. 벼룩시장 같은 타블로이드 규격의 신문이었을 것이다. 신문을 집으려는 정지된 손을 보았다. 물집이 굳은살로 박힌 손, 그 거친 손에서 가벼운 떨림이 감지됐다. 그때였나. 산산의 가슴에도 쿵, 소리가 났다. 예감이란 것, 육감이란 것. 산산의 머릿속에 '뚜'하는 이명과 함께 심박 모니터에 가로로 길게 멈춘 선이 떠올랐다.

산산은 차창을 노려보듯 보았다. 딱히 시선을 둘 만한 곳은 없다. 허허벌판 같은, 어느 곳을 보나 농가와 비닐하우스만 보이는 길. 가로등도 드문드문하다. 버스기사는 아랑곳하지 않고 바람을 가르듯 잘도 달린다. 마치 휘파람을 불며 드라이브하는 것만 같다.

산산은 집에서 나오자마자 어쩌다 지나가는 택시에 올라탔었다. 어디를 가냐고 묻는 질문에 어떠한 대답도 찾지 못하고 서둘러 내렸다. 그리고 시내를 향하는 버스정류장까지 걸었다. 자전거를 타지 않은 길은 멀었다. 홀로 그렇게 오래 걸은 기억이 없다. 인적이 없는 길, 산산은 정적의 한가운데 있는 것만 같았다.

밤이 내려앉은 시각, 아무도 짐작치 못한 그녀의 불운, 아무도 모르게 처리하자는 의사의 암묵적인 동의 시간이었다. 여전히 산산은 행운의 여자로 남기자고…. 그새 밤이 짙어지며 시내와 가까워질수록 화려해지고 있다. 치킨 간판과 피자집, 묘기를 부리며 버스와 자동차 사이를 누비는 배달 오토바이들도 보인다.

산산은 버스에서 내리고 싶었다. 될 수만 있다면 내릴 핑계들을 떠올렸다. 버스기사는 택시기사처럼 목적지를 묻지 않았다. 산산이 스스로 정한 곳에서 내리면 되기 때문이다. 사고 때 예감, 육감 같은 것이 없었던 것도 기억해냈다. 내릴 만한 이유를 찾지 못했다. 어쩌면 운명은 소란스럽게 닥치는 태풍처럼, 혹은 나 홀로 가야만 하는 길과도 같을 것이다.

산산이 곁눈질로 천천히 쿵 소리의 근원지를 돌아본다. 산산의 곁눈질보다 더 천천히 신문과 신문에서 삐져나온 물건을 집어 드는 손…. 산산의 머릿속이 서늘해졌다. 어느새 휘파람소리는 꿈에서만 들었던 듯 버스기사는 묵묵히 운전대만 잡고 밤길의 정면만 응시하고 있다. 산산의 숨이 거칠어지고 있다. 왜 마침 산산의 앞에 앉아 있었던 고등학생의 폰으로 그것을 접했을까.

부천시 원미구에 피살자 발견. 싸움과 저항의 흔적으로 보아

충동적인 살인이었을 것으로 예상. 살해도구는 주방용 식칼로 봄. 이웃의 신고로 경찰이 도착했을 때는 이미 살해당한 ○○○ 씨, 평소 싸움이 잦았던 동거인의 소행으로 보임. 동거인 △△△ 씨가 강력한 용의자로 현재….

그 고등학생이 내린 곳은 몇 정거장 전 아파트군락이었다. 그 후에 어쩌자고 시선을 돌려 마주친 신문지, 신문지에 배어 나온 혈흔. 급정거로 인한 '쿵'소리는 신문지에 쌓인 채 떨어진, 그것은 끝이 뾰족한 칼끝이었다. 산산은 인터넷 동영상으로 본 빈 식칼꽂이에 맞춤한 칼을 머릿속에 그렸다. 산산은 그동안 배웠던 호흡법을 기억해 낸다. 눈을 감고 숨을 참다 내쉬고를 반복했다.

한때 산산은 산산의 의지와는 상관없이 숨을 쉴 수가 없었다. 산소탱크를 곁에 두어야만 안정을 찾았다. 맥박도 정상이었고 기계 수치로는 공황 증세의 이유를 찾지 못했었다. 자연스럽게 그 증이 사라진 후에도 가끔 소리에 민감하게 심박이 빨라졌고 이유를 알 수 없이 호흡기를 달고 있어야 했다.

—씨발….

낯선 남자의 욕은 쇳소리로 들렸다. 남자는 그의 손만큼이나 금방이라도 버스 바닥에 쓰러질 듯 지쳐보였다. 그가 지친 것은 그동안 살아왔던 그의 삶일 것이고 나아질 것도 헤어날 것도 없는 절망을 계속 떠맡고 살아야 할 남자의 운명일지도 모른다. 그러자 산산은 남자를 꼭 안아주고도 싶다. 힘들지? 라고 묻고도 싶었다. 남자는 자신의 처지에 화가 났을 것이다. 그에게서 나오는 말들, 말이 되지 못한 욕들, 처절한 느낌으로 다가오는 것들이 그 증거일 것이다. 산산은 모든 것을 포용하고 싶었다. 그를 이해하고 받아들이려 했던 그 순간 뱃속에서부터 욕지거리 같은 구역질이 시작되고 있다. 산산이 자신의 배를 더듬었다. 꿈틀대었던 태동이 있었던 자리, 산산은 남자의 욕설처럼 그 구토증을 토해내고 싶었다.

—아, 다 죽여 버릴 거야.

남자의 반복된 말이 더듬듯 끊긴다. 울음이 섞여 있다. 동물을 닮은 순수한 포효, 원초적인 슬픔의 전달 방식일 것이다. 남자에겐 슬픔과 부딪히는 몸부림일 것이다.

—시발, 왜 내가 가고 싶은 곳으로 가지 않는 거야? 목적지는 내가 정해. 시발.

운전사는 힐끗 룸미러로 남자를 훔쳐보고 있다. 산산이 기대고 있는 오른쪽 창에 비친 운전사는 견장이 달린 눈부시게 하얀 와이셔츠를 입고 있다. 창에 반사되는 밤의 빛과 대조되어 눈부시게 하얗게 만드는지도 모르겠다. 누군가 세탁하고 다림질해줬을. 하얀 장갑을 낀 손, 그 손은 한 집안의 가장의 손이고 아이를 안았을 손이고 여러 사람의 목숨 대를 거머쥔 훈장 같은 손일 것이다. 산산은 남자의 쇠된 목소리가 들릴 때마다 잘 다림질 되어 창에 비치는 와이셔츠의 빛이 사라질지도 모른다는 생각이 든다.

마침 버스를, 버스 안의 운전사와 볼모 같은 사람들을 투시하듯 전봇대가 우뚝 서 있다. 마치 목적지가 검정과 노랑이 사선으로 콜라보레이션 띠를 갖춘 전봇대인 것만 같다. 전봇대 쪽으로 다다르자 전봇대를 기점으로 또다시 논길로 빠지는 샛길이 나타났다. 산산의 눈에는 검정과 노랑의 사선이 휙휙 돌아가며 마치 돌풍처럼 휘감기는 것만 같았다. 산산은 눈을 꼭 감았다.

몇 주 전, 태풍이 덮친 때였고 산산은 자전거를 타고 가다 그녀의 앞과 뒤에 거짓말처럼 전봇대와 가로수가 쓰러졌다. 산산의 자전거는 간발의 차이로 전봇대와 가로수 사이에 교집합처럼 그 사이에 있었다. 산산의 사고는 TV로도 보도됐다. 목숨을 건진, 천운의 여자. 사람들은 그녀를 응급차를 대동해 병원으로 싣고 갔다. 산산이 환의를 입은 후 의사보다 마이크를 내미는 사람들로 붐볐다. 산산은 녹음기를 틀어내듯 같은 질문에 대한 대답을 반복해야 했다.

—그러니까, 태풍 경고 뉴스는 아침에 들었어요. 하지만 아시다시피 선선한 정도의 날씨였어요. 정말 태풍이 왜 태풍인지 알겠더라고요. 갑자기 자전거가 휘청거렸어요. 때마침 제 뒤에서 소리가 들렸어요. 뭔가 긁는 소리 같았어요. 그 소리는 전봇대가

넘어지는…. 제 눈으로 보고 있었어요. 저는 순식간에 일어난 일이, 아주 느리게, 길게 느껴졌어요. 순간 그렇게 죽는 줄 알았는데 앞의 가로수를 치고 저는 가로수가 부러지면서 그 사이에….

산산의 기억도 늘어진 테이프처럼 뒤죽박죽 웅웅댔다. 산산은 그 소리의 기억들을 떨쳐내듯 고개를 저었다. 정신만 차리면 된다고 했다. 호랑이 굴이라 해도. 하지만 사고는 정신을 놓아야 삶을 지탱할 수 있는 것일지도 모른다. 산산의 없었던 증들이 시작된 것처럼.

산산은 뉴스로 각종 매체와 인터넷 동영상까지 올랐다. 손끝 하나 다치지 않은 행운의 여자, 그러나 사람들은 몰랐다. 산산은 그 사건 후 알 수 없는 허망함에 시달렸다. 뭔가를 놓친 듯한, 뭔가를 기억해내지 못하는 답답함이 가슴을 짓눌렀다. 그 후로 균형을 잃고 자주 쓰러졌고 자전거는 다시 탈 수 없었다. 한번 배운 자전거는 다시 탈 수 있다고들 했지만 자전거에만 올라타면 땅이 한쪽으로 꺼지는 것 같았고 실제로 산산은 한쪽으로 쓰러지곤 했다.

산산은 이비인후과에 가서 달팽이관에 대해서 물었고 신경정신과에 가서 공황증에 관해 물었다. 모두 그녀에게 닥친 것이기도 했지만 그녀와 연결된 기계의 수치들은 정상이었다. 단지 그녀만이 정상적인 생활로 돌아가지 못했다. 지친 시기가 지나자 그녀는 약간의 하혈을 했다. 그리고 산부인과를 찾았다. 그때서야 알았다. 그녀의 뱃속에 있던 태동이 사라진 것. 그때부터였나. 산산의 이명. 전봇대가 쓰러지고 전선에 불이 붙으면서 여기저기 자동차 경적음. 사람들의 웅성거림. 휘파람 같던 바람소리, 전봇대가 쓰러지며 뭔가를 긁어대는 소리…. 그것은 뱃속에서의 마지막 태동이었을 것이다. 무언가를 잡고 의지할 것을 본능적으로 감지하는 아이의 몸부림이었을 것이다.

그때부터 산산, 자신의 이름을 그렇게 불렀다. 산산이란 태풍의 이름은 홍콩소녀였다. 모두들 산산의 작은 몸을 홍콩소녀 같다고들 했다. 산산이 임신 6개월로 접어들었을 때도 사람들은 그 아이의 존재를 눈치재지 못했다. 소녀는 아이를 가지지 않은 자의 칭호다. 산산은 스스로 산산이 되었다.

전봇대는 뉴스가 보도된 후 다시 세워졌다. 주변에 있었다고 믿었던 상가들은 거짓말처럼 보이지 않았다. 산산이 기억하는 이미지는 뱃속의 태동처럼 흔적도 없다.

비닐하우스조차 보이지 않는 논만 남은 샛길로 접어드는 남자의 걸음이 슬로우 모션처럼 늘어지게 보인다. 샛길 초입에 색이 바란 사육장 나무푯말이 보였다. 산산은 제 눈을 비빈다. 시간이 거미줄처럼 늘어지고 있다. 정거장이 아닌데도 남자의 욕 때문인지 으레 그랬었는지 이미 남자는 신문지 뭉치를 들고 어둠속으로 걸어가고 있다. 남자의 뒷모습이 서서히 사라지듯 버스 문도 천천히 닫히고 있다.

—정육점 방 씨 맞지?

—그러게. 오늘 또 잡았나 보지.

—집에서 온 가족이 매달려 소, 돼지, 닭 키우고 다 키운 것을 잡을 때마다 저런다잖아.

—그럴 수도 있겠어. 고기를 채소처럼 농사짓는다고 생각하면 괜찮지 않을까?

산산은 웃는 것인지 울고 있는 것인지 버스 창에 비친 일그러진 제 얼굴을 보며 흠칫 놀란다. 어쩌면 저 울부짖음을 삼키고 있는 남자도 산산처럼 피해자일 것만 같다.

—아이가 움직이지 않고 있어요. 아이를 꺼내야 합니다.

—아이가 없는데 무엇을 꺼낸다는 거죠?

—살아 있는 아이나 마찬가지로 그 아이도 바깥으로 내보내야 하는 겁니다.

산산은 버스에서 내려 주변을 훑어본다. 불이 붙었던 늘어진 전선도 없고 자동차의 센서들도 조용하다. 어떠한 예고음이나 경적음도 들리지 않는다. 그녀를 알아보는 사람들도 없다. 그녀는 논길로 사라진 남자처럼 병원으로 들어서는 순간 자신이, 산산이 사라질 것만 같았다.

보조 의자 같은 계단 하나를 밟고 수술대에 올랐다. 산산이 기댄 침대가 비스듬한 각도로 편안하게 해 주었다. 간호사가 상체와 하체의 반인 배를 가르듯 작은 커튼을 쳤다. 다리를 한껏 벌려 차가운 금속 잠금장치로 발목을 묶을 때 산산은 움찔했다. 뱃속에서 의지할 곳을 찾던 생명도 산산처럼 그렇게 움찔했을 것이다. 산산은 어느새 양손까지 결박당한 채 있다는 것을 알았다.

—자, 숫자를 세 보세요, 하나, 둘…

산산은 손톱을 세워 팔 받침대를 긁어 댔다. 긁는 소리, 위험을 감지한 아이의 본능…. 산산의 의식도 세운 손톱도, 긁는 소리도 멈췄다.

—하나, 둘….

봄바람이 불면

김선영 serena6709@naver.com

영순은 아버지의 말소리가 들리지 않았다. 숨이 턱 막히고 열이 올랐다. 머릿속은 멍해지고 온몸에서 힘이 쭉 빠졌다. 영락없이 허공에 붕 떠서 둥실둥실 날아다니는 것 같았다. 오매~ 얼굴이 화끈거린 영순은 두 손으로 볼을 감싸 쥐었다. 시방 꿈은 아니겠지? 기다란 곰방대가 놋쇠로 만든 둥그런 재떨이를 땅땅 쳤다. 영순이 깜짝 놀라며 주저앉은 엉덩이를 발바닥에 꽉 붙였다. 두 손도 무릎 위에 가지런히 내려놓았다.

"아따~막둥이 애기씨도 혼처가 맴에 든갑소?"

읍내는 물론이고 큰 마실, 작은 마실 골목까지 수완 좋기로 소문이 파다한 매파 나주댁이 눈을 흘기며 영순과 조 참봉을 번갈아 쳐다보았다. 주름진 입술이 배실배실 벌어졌다. 금박을 입힌 노란 마고자에 호박 단추를 주렁주렁 달고 있던 조 참봉은 다시 한 번 담뱃대로 재떨이를 땅땅 내려쳤다. 그것은 분명 언짢은 것을 표현하는 무언의 행동이었다. 하늘을 날던 영순의 기분은 삽시간에 가라앉았다.

"우리 집안이 어떤 가문인지 자네는 알 것이여~ 자네가 나를 얼매나 우습게 봤으면 고립무원 백수건달을…"

"아따 참봉어르신 금동골 함풍 이李씨氏하면 읍내에서도 알아주는 집안이랑께요. 그라고 그 춘행이가 고립무원은 아니지라. 금동골에 살고 있는 숙부들이 방귀 깨나 안꾸요~ 호의호식은 안혀도 두 내우가 먹고 살 걱정은 없당께요."

"어헛!"

조 참봉은 대답 대신 애꿎은 재떨이만 두들겨댔다. 답답하고 불안해서 속이 시커멓게 타들어가는 영순은 나주댁과 눈이 마주치자 좀 더 거들어달라는 신호를 보냈다.

"아이고~ 우짜쓸까~ 징용이다 간도 땅이다 시상이 천지사방으로 소란헌께 총각들도 씨가 마를 지경인디 우덜이 생각해봐도 그만한 신랑감이 읎지요잉."

조 참봉은 나주댁의 볼멘소리에 다리를 꼬고 모로 앉아서 열어놓은 호령창으로 밖을 보았다. 긴 겨울이 끝나고 봄이 오는 들판은 푸른 보리 잎이 무성했다. 호남선이 개통되고 20여 년 동안 저 넓은 들판에서 나오는 쌀이 몽땅 일본으로 실려 갔어도 조 참봉의 곳간은 비어본 적이 없었다. 조상 대대로 물려 내려온 천석지기를 지켜왔고 영광과 고창은 물론이고 목포, 영산포, 구룡포까지 조 참봉의 입김이 안 닿는 곳이 없었다. 월봉에서 풍양 조

씨 하면 나는 새도 떨어뜨린다고 했다. 이곳에서 조 부자 땅을 밟지 않고는 읍내로 나가지 못한다는 말은 허풍이 아니었다. 그가 조 참봉이라 불리게 된 것도 땅을 부쳐 먹는 소작농들이 그를 높여 부르면서 시작되었다. 조부가 참봉 벼슬을 지냈다하여 참봉 댁, 조 참봉 네 하며 호칭하던 것이 그를 참봉으로 만들었다. 왜놈 세상이 되었어도 여전히 그는 참봉이라 불렸고 누구도 그의 직위에 토를 달지 않았다. 그러나 천하의 조 참봉도 인륜지대사만큼은 쉽지 않았다. 슬하에 아들 하나도 없고 딸만 다섯을 둔 조 참봉의 사윗감 찾기는 매번 어려웠다. 그것은 아무리 좋은 혼처가 있어도 딸자식들 걱정에 정작 먼 고장으로는 출가시킬 엄두를 못낸 조 참봉 탓이다. 하여 엎어지면 코 닿을 거리로 시집보내기로 유명했다. 첫째 딸 영자와 둘째 딸 민자는 월봉에, 셋째 딸 행자와 넷째 딸 신자는 나주댁이 발 벗고 나서서 각각 들말과 금동골로 출가시켰다. 들말은 돌머리로 불리는 어촌이고 금동굴은 함풍이씨 씨족이 모여 사는 마을로 월봉에서 오리(五里) 내에 있는 큰 마실 이었다. 하지만 막내 딸 차례가 되자 이만저만 신경이 쓰이는 것이 아니다. 영순은 조 참봉에게 특별한 딸이었다.

딸 넷을 줄줄이 낳았던 조 참봉의 안사람 박씨가 또 임신을 했다. 영광 불갑사까지 찾아가 불공을 드리자마자 들어선 태기였다. 박씨 부인은 조 참봉에게 이번엔 사내아이 같다고 조심스럽게 말을 꺼냈다. 딸 가진 배와 태가 달랐다고 한다. 입덧은 고사하고 먹성이 좋아서 육고기를 입에 달고 살자 모든 사람들이 아들을 의심치 않았다. 성황당 신령님이 이번엔 떡두꺼비 같은 아들을 점지해주셨다고 조 참봉과 박씨 부인은 철석같이 믿었다. 산달을 다 채우고도 열흘을 더 넘긴 후에야 우렁찬 울음소리를 내며 영순은 태어났다. 갓 태어난 아이가 어찌나 크고 우람한지 산파마저 장군감이 태어났다고 큰소리로 외쳤다. 고추와 숯을 엮어 만든 금줄이 성급히 대문에 걸리고 조 참봉의 식솔들은 잔치 분위기에 휩쓸렸다. 뒤늦게 아기의 아랫도리를 확인한 사람들은 선명한 도끼 자국에 제 눈을 믿지 못했다고 한다.

영순이마저 딸이라는 사실에 박씨는 혼절했다 깨어나 통곡하기를 반복했고 조 참봉도 애꿎은 곰방대만 두들겨댔다. 죽은 자식 고추 만지기보다 비통할까. 하여 막내딸 영순의 존재는 조 참봉의 가슴에 묵직하게 자리 잡은 애증과도 같았다. 영순이 사내로 태어났으면 꼭 장군이 되었을 것이라 생각한 만큼 조 참봉은 데릴사위를 맞아 집안의 대를 이어볼까 생각도 해봤었다. 그러나 불혹을 겨우 넘긴 조 참봉은 여전히 아들을 낳고 싶은 욕심이 더 컸다.

조 참봉도 나주댁이 열심히 영순의 신랑감을 찾아봤다는 것에 수긍했다. 중일전쟁이 갈수록 치열해지고 있다는 것도 알았다.

신작로를 통해 호남평야의 미곡과 소가죽이 끊임없이 수탈되고 있었고 솜털이 보송보송한 소년까지도 징집의 대상이 되고 있다는 것도 알고 있었다. 불안한 것은 소문이었다. 사내들 씨가 마르면 다음 징집대상은 처녀들 수순이 될 거라는 말이었다. 엎드려있는 영순을 물끄러미 쳐다보던 조 참봉은 한숨을 쉬었다. 올봄을 넘겨서는 안 될 것 같았다. 그러나 막상 중신어미가 가져온 신랑감이 조 참봉의 성에 차질 않았다. 땅에서 올라오는 아지랑이가 넘실넘실 춤을 춘다. 열린 호령창으로 봄바람이 들어왔다. 초봄의 햇볕은 따뜻하지만 바람은 차다. 무명옷을 입은 일꾼들이 삼태기에 나무 재를 퍼 담아 마당을 가로질러갔다. 담 옆에 커다란 돌배나무도 불그스름한 싹이 움터 올랐다. 조 참봉은 문고리에 묶어둔 줄을 잡아당겼다. 그는 막내딸 영순을 힐끔 쳐다보았다. 그녀의 얼굴은 똥 마려운 강아지처럼 오만상을 찌푸리고 있었다.

"영순아 느그 어매 정지에 있는갑다~"

조 참봉의 목소리는 느긋했지만 힘이 실려 있었다. 그만 나가서 부엌일을 거들라는 말이었다.

"예~ 아부지."

영순은 마지못해 일어났다. 두 사람의 눈치를 보던 나주댁도 앓는 소리를 내며 구부러진 관절을 펴고 일어났다. 둘은 나란히 문밖을 나섰다. 방안에서 조 참봉의 마른기침 소리가 크게 들려왔다. 영순이 토방 위의 고무신을 꿰신는 나주댁의 치맛자락을 잡았다. 나주댁은 한숨을 쉬며 고개를 가로저었다. 영순은 울상을 지으며 발을 동동거렸다. 그 모습이 어찌나 우스꽝스러운지 나주댁은 큰 소리로 웃을 뻔했다. 조 참봉의 막내딸 영순은 곱상하고 나긋나긋한 여느 처녀들과는 달랐다. 자매들 중 가장 키가 크고 몸집이 컸다. 힘도 세고 고집도 세서 언니들은 그녀를 무소라고 불렀다. 머리도 크고 이목구비가 모두 왕방울만 해서 꼭 처용가면 같은 모양새다. 그런 영순이 두 발을 구르며 나주댁에게 매달리는 모습은 우스꽝스럽다 못해 기괴하게 보였다.

"나주댁 아줌니 나 좀 살려주시오~"

"흐미 망측헌거. 막둥이 애기씨~ 참봉어르신 듣것네잉~"

"아줌씨… 나는 진짜로 춘행이한테 시집가야 쓴당께~ 춘행이 아니면 실당께."

"긍까 애기씨가 아부지한테 졸라보시오. 세빠닥에 쥐나도록 씨부려도 내 말은 씨도 안먹힌께 어쩌것소."

"나는 어쩐 다요~~"

어 허 험 어험! 조 참봉의 헛기침소리가 쌍창을 넘어 영순과 나주댁이 옥신각신 대는 툇마루까지 들려왔다. 나주댁이 치마꼬리를 잡은 영순의 손을 떼어놓고 총망히 대문 밖으로 빠져나갔다.

영순은 신경질적으로 주저앉아 얼굴을 무릎에 파묻었다. 가슴은 먹먹해지고 왈칵 눈물이 솟았다. 상사병이 분명했다. 사단이 나도 단단히 나고 말았다. 눈물은 펑펑 쏟아지는데 캄캄한 눈앞에는 금동골 춘행의 모습이 어른거렸다.

춘행은 영순과 같은 나이였다. 상고머리에 호리호리한 그는 영순과는 달리 얼굴선이 곱상한 총각이었다. 영순은 그와 처음 만난 날 입꼬리만 올리고 웃는 그의 모습에 반하고 말았다. 넷째 신자언니가 임신을 했다고 해서 영순은 조 참봉 내외가 챙겨준 마른 북어와 미역을 들고 금동골로 심부름을 갔다. 입덧을 하는 언니 대신 뒤뜰 장독대에서 간장을 푸던 영순은 마당에 나와 있던 춘행을 보았다. 영순은 부끄러움도 없이 담벼락에 달라붙어 그를 지켜보았다. 시골 촌구석과 어울리지 않는 도시적인 춘행의 하얀 얼굴은 영순의 가슴을 속절없이 뛰게 했다. 그를 본 순간 머릿속에서는 폭죽이 터졌고 귀에는 천생연분을 알리는 종이 울렸다. 그 마음을 알았는지 춘행은 담벼락에 붙어서 뜨거운 눈길을 보내고 있는 커다란 처녀를 발견하고 어색한 미소를 지었다. 그것이야말로 사랑의 신호였다고 영순은 믿어버렸다. 영순은 춘행에게 시집가야겠다고 다짐했다. 뚝심 있는 그녀는 곧장 언니에게 달려가 나주댁을 움직이게 하는데 성공했다. 하지만 세상만사가 영순의 생각만큼 쉽지는 않았다.

영순은 벌떡 일어나 눈물을 훔치더니 토방을 달려 내려가 정지 문을 활짝 열고 들어갔다. 항아리의 물을 벌컥벌컥 들이켜더니 곧장 제 방으로 들어가 이불을 쓰고 누웠다. 차가운 물 한 바가지 마신다고 타들어가는 상사병이 꺼질까만. 영순의 울음소리는 봉창을 넘어 사방으로 퍼져갔다.

"아따 영순아 얼릉 못일어나냐~"

"냅두랑께요. 배때지 고프면 일어나것지라우~"

"아야 영순아~"

평소에도 점잖은 조 참봉은 영순이 이틀 동안 이불 속에서 꼼짝도 하지 않는다는 것을 새끼 머슴에게 들었다. 박씨는 짧은 곰방대를 입에 물고 강 건너 불구경하는 듯 무신경했다.

"에고~니는 애비 맴을 고로코롬 모르것냐~ 계집이 서방 인물 파먹고 살어서 뭣허까쓰까잉"

조 참봉의 힐책에 영순은 이불 속에서 대성통곡을 했다. 하도 울어서 눈물샘도 메말랐다. 마른 눈물에 쉰 목소리만 울린다. 영순은 머리가 어지럽고 숨쉬기도 힘들었다. 사흘 동안 식음을 전폐하고 고집을 부리는 것은 큰일이었다. 영순이 한 번 맘을 먹으면 앉은 자리에 풀이 나도 일어나지 않을 만큼 뚝심이 세다는 것은 월봉 전체가 다 아는 사실이었다. 조 참봉은 부끄러움도 잊어버리고 단식투쟁을 하는 막내딸이 야속하기도 했지만 자신의 마음을 몰라주는 것이 더 서운했다. 사고무친 고립무원 춘행이 법도도 없이 개차반 같은 사내라면 영순은 분명 불행할 것이다. 모름지기 결혼이라면 어른을 모시고 가풍이 제대로 선 가정과 맺어져야 한다고 조 참봉은 생각했다. 영순 위로 네 딸을 자신이 세운 기준대로 시집을 보냈고 잘 살고 있다. 그런데 영순은 왜 부모 마음을 몰라주는 건가.

"오냐~ 그래~죽은 사람 소원도 들어준다는 디 산 사람 소원 못 들어주겄능가~ 임자 나주댁헌티 쪼까 보자 허소잉."

조 참봉이 사랑채로 향하자 박씨는 혀를 차며 들고 있던 곰방대로 영순을 푹 찔렀다. 이불을 젖히며 벌떡 일어난 영순은 조 참봉의 말이 믿어지지 않는 표정이었다. 눈물 콧물로 범벅이 된 얼굴이 홍조를 띠었다. 미친년처럼 웃으며 발버둥을 쳤다. 조 참봉은 영순의 고집에 무너진 것은 아니었다. 뒤숭숭한 세상이라 삼강오륜이다 법도다 따져서 득이 될 것이 없었다. 천둥벌거숭이 영순이 시집가서 잘 살면 되는 것이다. 다섯이나 되는 자식을 얻었으나 모두 출가시키고 두 내외가 살아갈 날이 너무 허전했다. 읍내 나갔다가 들말 최 부자가 일본에서 돌아온 신여성을 첩으로 들였다는 소문도 들었다. 자식 욕심 강한 조 참봉은 이래저래 마음이 심란했다.

조 부잣집과 혼인을 한다는 것은 대단한 일이었다. 금동골 함풍 이씨 집안은 춘행에게 들어온 혼담을 흔쾌히 받아들였고 친척들이 들고 나서서 혼례식을 준비했다. 매화꽃이 지고 배꽃이 피어나는 시기에 드디어 영순은 시집을 갔다. 사모관대에 나귀를 타고 초례청에 들어오는 신랑의 용모에 잔치 손님들은 넋을 놓았고 연지곤지 활옷을 입은 영순의 등장에 웃음보가 터져 나왔다. 치렁치렁한 금박이 치마가 집채만 한 신부의 몸집을 더 커보이게 했다. 춘행은 초례청에 마주 선 신부를 보자마자 두 눈을 질끈 감아버렸다. 구경꾼들의 웃음소리에 조롱이 섞여있는 듯 귀까지 빨개졌다. 그러나 영순은 마냥 행복할 뿐이었다. 춘행은 숙부들의 등쌀에 못 이겨 장가를 왔지만 마을 어귀의 천하대장군에 치마만 입혀놓은 영순에게 정나미가 뚝 떨어지고 말았다. 그날 밤 영순이 초야도 못 치르고 뜬 눈으로 밤을 새웠다는 소문이 해가 뜨기도 전에 월봉 전체에 퍼졌다. 신행에 따라나선 동무들과 술이 떡이 되도록 마신 춘행은 인사불성이 되어 며칠 동안 술병을 앓았다. 조 참봉은 곰방대로 재떨이를 두들기며 헛기침을 했고 영순의 울음소리는 담장을 넘었다. 따뜻한 봄바람이 불었다.

내 눈으로는 아무리 너라도

현정원 khyunjw44@hanmail.net

하얀 꽃잎을 밟으며 앞으로 나아간다. 비가 그친 바깥세상이 온통 꽃 천지다. 노랗게 말라버린 풀섶에는 햇살이 따뜻하게 내리고 숲 향기 가득한 바람에는 물기가 촉촉하다. 좋은 봄날이다. 산책 나오기 전 며느리를 살피던 일이 까마득한 옛일로 느껴진다. 그 아이가 부식액에 각막을 상한 것도 거짓말 같다.

그런데 이 좋은 봄날, 어째 산책하는 사람이 하나도 없을까.

시간이 어중간해서인지도 모르겠다. 비가 그치고 얼마 되지 않아서인지도 모르겠고. 문득 내가, 큰 방에, 사방 벽이 보이지 않을 만큼 큰 방에, 홀로 갇혀있다는 생각이 든다.

뭔가가 얼굴을 휙 스치고 지나간다. 멈춰선 채 주변을 살펴본다. 움직이는 것은 아무것도 없다. 몇 걸음 앞, 탄천을 가로지르는 다리 위로 자동차들이 달려가고 있을 뿐이다. 천천히 걸어 다리 밑으로 들어간다.

얄궂은 봄이 다리를 받침대 삼아 뛰어넘기라도 한 걸까. 다리 밑면 가로대 위로 해묵은 습기가 컴컴하게 고여 있다. 봄의 정취

라곤 전혀 느껴지지 않는 머리 위 다리 밑을 찬찬히 바라본다. 어둠에 익숙해지면서 가로대 위 검은 물체들이 눈에 들어온다. 비둘기다. 진회색 비둘기들이 어둠 속에 늘어선 채 좀비처럼 나를 바라보고 있다.

갑자기 한 놈이 나를 향해 날아온다. 가슴이 철렁 내려앉는다. 재빠르게 고개와 등을 숙여 도망치듯 다리 밑을 빠져나왔지만 꺼림칙하다. 녀석들이 한꺼번에 뒤통수로 달려들 것 같아 무섭기까지 하다. 녀석들에게도 내가, 호기심 가득한 내 눈이, 좋지 않아 보이는 걸까. 비둘기들에게조차 꺼려지는 나라는 인간이 새삼 끔찍하게 느껴진다.

저만치 사람들이 보이기 시작한다. 사람들을 향해 털버덕털버덕 걸어간다. 머릿속으로 냉장고로 다가가던 며느리의 모습과 바싹 붙어 며느리를 살피던 내 모습이 지나간다. 이제야말로 그 아이의 눈을 맘껏 들여다볼 수 있겠다 생각했다, 바보같이. 볼 수 있는 것이라곤 눈꺼풀, 내 눈과 마주쳐지지 않는 눈인데 말이다.

찰칵.

문소리를 듣는 순간 나는 소파에서 일어나 며느리 방 쪽으로 다가갔다. 각막이 상했다는 며느리의 눈을 내 눈으로 확인해 보고 싶었다. 퇴원은 며칠 전에 했지만 나는 그때까지 며느리를 보지 못하고 있었다. 친정에 갔다 어제 밤늦게야 집에 돌아온 때문이었다. 방문은 반쯤 열려 있었다. 문틈으로 안을 들여다보려는 순간 문이 벌컥 열리며 며느리가 얼굴을 내밀었다. 나는 재빨리 뒤쪽 옆으로 물러나며 그 아이의 얼굴을 살폈다.

며느리의 왼쪽 눈에 거즈가 붙어있었다. 이마와 관자놀이 부분은 붉은 흉터가 진물로 축축하고 오른쪽 눈두덩은 검붉게 부푼 채 눈동자를 가릴 정도로 늘어져 있었다. 너절해진 비닐처럼 피부에 거스러미가 일어나 있는 오른 뺨과 턱, 목….

며느리가 벽에 붙어 걷기 시작했다. 왼손으로 벽을 짚어가며 그 아이가 천천히 앞으로 나아갔다. 나는, 며느리가 냉장고로 다가가 더듬더듬 주스 병을 꺼내들고 오른손으로 벽을 짚어 자기 방으로 돌아갈 때까지, 그 아이가 하는 양을 눈도 깜박이지 않고 바라봤다.

며느리가 동판화를 해보겠다 말한 것은 작년 이맘때였다. 대학에서는 그래픽을 전공했다던 아이가 그 나이에 새로운 작업을 시도해 보겠다고 선언한 것이었다. 며느리가 화실을 알아볼 때 나는 동판화 작업과정을 컴퓨터로 검색해 보았다. 그것은 밑그림을 그리는 것으로부터 기계로 찍기까지, 수많은 과정을 거쳐야 하는 복잡한 작업이었다. 게다가 동판을 부식시키는 화학물질은 몸에 해롭기도 하고 위험하기도 했다. 말리고 싶었다. 교사생활을 그만둔 지 얼마나 됐다고, 쉬며 여행이나 다닐 일이었다.

하지만 그 아이가 하고 싶다는 일을, 남편인 아들마저 거들고 있는 일을, 시아버지인 내가 말릴 수는 없는 일이었다. 그러나 막상 며느리가 판화 작업을 시작하자 그 일이 누구보다 내게 좋은 일임을 알았다. 작업과정을 훔쳐보는 게 제법 재미있어서였다. 싫은 점도 있었다. 동판에 바르는 유액의 냄새나 동판을 사포로 밀 때 나는 소리는 참기 어려웠다. 특히 사포 소리는, 그 사삭 사삭은, 내 신경을 긁어댔다. 들릴 듯 말 듯 작은 소리로 사람을 흠집내는 귓속말처럼.

집안에 아무도 없을 때면 며느리의 작품을 들춰보곤 했다. 이야기가 가득한 며느리의 작품은 보고만 있어도 즐거웠다. 굵직한 선이 만들어낸 우연한 면들 사이에 숨어있는 아기자기하고 세밀한 표현이 재미있었다. 찍을 때마다 그 느낌이 달라지는 것도 신기했다. 잉킹의 문제라고 했다. 프레스에 넣기 전, 판 전체에 바른 잉크를 올이 성긴 망사나 신문지를 사용해 닦아내야 하는데 잉크를 어디에 얼마만큼 남기느냐의 그 순간적인 감성이 느낌의 차이를 만든다고 했다.

불행한 사건은 화실에서 일어났다, 며느리가 니들작업을 끝내고 동판을 부식액에 넣을 때. 평소 같으면 한 손으로 통 뚜껑을 열면서 남은 한 손으로 동판을 넣었을 텐데 그날은 작업한 동판이 컸다고 했다. 뚜껑을 부식통 옆에 기대어둔 채 두 손으로 동판을 들어 부식액 가장자리로부터 미끄러뜨리려는 순간, 지나가던 작업실 동료가 자기 동판으로 세워둔 뚜껑을 건드린 것이었다. 뚜껑이 부식액 속으로 떨어지고 그 액체가 며느리의 얼굴로 튀어 올랐다.

역시 판화 같은 것은 못하게 했어야 했다. 아니, 함께 살지 말았어야 했다. 하지만 내게는 그 아이를 말릴 재간이 없었다. 그런 능력은 그 아이를 처음 보는 순간, 식구들이 모이기로 한 레스토랑에 미래의 아내라며 아들이 그 아이를 데려온 그날, 내게서 빠져나갔다.

식사하는 내내 나는 아들의 여자를 훔쳐봤다. 그 아이가 입을 오므린 채 음식을 씹는 것을, 아들과 속삭이듯 이야기를 나누는 것을…. 가끔 그 아이와 눈이 마주쳤다. 그럴 때마다 그 아이는 희미하게 웃었다. 자리가 불편했는지 그 아이는 음식을 많이 남겼다. 원래 음식 먹는 속도가 느리다고도 했다.

불현듯 어머니가 생각난 것은 집에 돌아와 침대에 누웠을 때였다. 어디서 본 듯한 느낌이 들었던 그 아이는 내 어머니와 닮아 있었다. 너무 일찍 돌아가셔서 한 번도 본적이 없는, 새어머니 때문에 숨겨지고 가려져야했던, 내 어머니와.

사진이 귀한 시절이었다. 어느 날 우연히 아버지의 서재에서 어머니의 사진을 발견했다. 장부 갈피에 다른 서류와 함께 끼여져 있던 사진에 어머니가 있었다. 동그란 눈썹과 가는 입술에 미소를 머금은 채 다정한 눈길로 나를 바라보고 있는 어머니가.

아버지가 없을 때면 아버지의 서재에 들어가 사진을 훔쳐보았다. 어머니의 가늘고 긴 눈에 내 눈을 맞추고 또 맞추며 어머니를 만났다.

침대를 박차고 일어나 서랍을 뒤졌다. 수첩을 열어 어머니의 사진을 꺼냈다. 그리고 곧 어머니와 그 아이가 닮지 않았음을 알았다. 어머니는 얼굴이 둥글지만 그 아이는 타원형이고 어머니는 눈이 작지만 그 아이는 눈이 컸다. 두 사람의 공통점은 눈에 미소가 들어있다는 것뿐이었다. 사람들이 거북하다 외면해버리는 내 시선을 받아들이는 것뿐이었다.

내 시선이 사람들에게 불쾌감을 준다는 걸 안 건 초등학교 6학년 때였다. 중학교 입시 준비로 전전긍긍하던 어느 몹시 추운 날. 수학문제가 안 풀려 연필을 내동댕이치고 누워있을 때였다. 옆집 아줌마가 엄마를 부르는 소리가 들렸다. 엄마는 동생들 데리고 병원에 가시고 없는데….

"어떡하지, 학생? 미안하지만 우리 아기 잠깐만 봐주면 안 될까? 갑자기 일이 생겨서 나가봐야 하는데 아기를 데리고 갈 수 있는 곳이 아니라서 그래."

아기를 돌볼 자신이 없었다. 그렇다고 안 된다고 잘라 말할 용기는 더더욱 없었다. 많이 급했던지 아줌마가 처네를 풀고 있었다. 아기는 곧 내 팔 위에 놓여졌다. 생각보다 무거운 아기였다, 팔이 밑으로 툭 떨어질 정도로. 아기가 놀랐는지 울기 시작했다. 아줌마가 아기를 다시 받아 안았다. 그리고 곧 가슴을 헤쳐 젖을 꺼냈다.

내 눈이 커지고 있었다. 그렇게 큰 젖 아니, 여자의 유방을 내 눈으로 본 것은 그날이 처음이었다. 내 엄지손가락만큼이나 큰 젖꼭지가, 도저히 살이라고는 믿기지 않는 검붉은 젖꼭지가, 아기의 입에 물려지고 있었다.

아기는 금세 울음을 그쳤다. 꿀꺽꿀꺽 자기 머리만큼이나 커다란 유방에 한쪽 뺨이 눌린 채 연신 젖을 빨아 삼켰다. 아줌마가 돌아앉았다. 아줌마의 눈이 내 눈과 마주친 다음이었다. 아기는 곧 잠들고 아줌마는 발로 처네를 펴 자리를 만들어 아기를 눕혔다. 그리고 곧 화가 난 사람처럼 말없이 문을 나갔다.

아기와 함께 남겨진 나는 왠지 창피하고 참담했다. 생각해 보니 아줌마뿐이 아니었다. 아버지와 붙어 앉아 다정하게 얘기하던 새엄마도 나와 눈이 마주치면 아버지에게서 떨어져 앉고, 조심성 없이 속곳을 내보이던 누이들도 나와 눈이 마주치면 자세를 바로잡곤 했다. 심지어 같은 반 여자애들도 내가 다가가면 치마를 내리며 나를 피했다. 나 때문에 화가 난다는 듯, 내가 쳐다

봐 기분 나쁘다는 듯.

안방에 들어가 장롱거울에 나를 비춰봤다. 어두컴컴한 방, 자개장에 붙은 희미한 거울 속에서 내가 나를 쏘아보고 있었다. 등을 솟구친 채 몸을 오그리고 있는 고양이처럼, 속을 알 수 없는 강한 눈빛으로….

아기는 다행히 엄마와 동생이 올 때까지 깨지 않고 잘 잤다. 그리고 나는 그날 이후, 집에서도 학교에서도 눈을 조심하는 사람이 되었다. 말없는 아이에 더해 사람을 피하는 사람이 되었다. 아니, 사람을 몰래 훔쳐보는 사람이 되었다. 방에 처박혀 닥치는 대로 책을 읽는 사람. 읽는 책은 주로 소설이었지만 잡지나 화집도 많았다.

그림이나 사진 속 인물들은 내가 쳐다봐도 고개를 돌리지 않았다. 쏘아봐도 표정을 바꾸지 않았다. 그 인물들 중에는 옷을 벗고 있는 여인도 있었다. 묘한 포즈를 취하고 있는 여인도 있었다.

등불을 끄고 자려하니 휘영청 달빛이 밝으오….

아침에 며느리가 자기 방에서 부르던 노래다. 이 마당에 노래할 수 있는 마음은 대체 어떤 마음인지를 감탄하던 내가 그 아이의 노래를 따라 부르고 있다.

며느리는 평소 노래 부르기를 좋아했다. 며느리에게 청소시간은 아예 가창시간이곤 했다. 먼지를 털고 걸레질을 하며 CD에서 흘러나오는 노래를 따라 부르는 것이었다. 잘 부르는 편은 아니었다. 고음에서는 듣기 민망한 적도 많았다. 하지만 나는 그런 며느리가, 시아버지인 나를 의식하지 않고 자기 하고 싶은 것을 하는 며느리가, 기특했다. 기특하고 고마운 것은 그것 말고도 많았다. 며느리는 나와 눈이 마주치는 것을 꺼려하지 않았다. 나와 말하는 것을 싫어하지 않았다. 아들보다 살가운 며느리였다.

그런데 며느리가 나를 외면하기 시작한 것이었다. 나를 투명인간 보듯 하기 시작한 것이었다. 다 내 탓이었다. 며느리가 우겨도 집을 합치지 말았어야 했다. 7년 전 아내를 보내고 그랬던 것처럼, 며느리가 집이 멀어 양쪽 집 건사하기 힘들다고 졸라대도 다시 한 번 아니, 끝없이 거절했어야 했다. 내 모습을 며느리에게 들키기보다는 옹색하고 불편하고 고독한 생활을 견뎠어야 했다.

아들과 집을 합치자 내 생에도 봄이 찾아왔다. 식사시간 외에는 방 밖으로 나가지 않았지만 나는 내 방 안에서도 그 봄을 충분히 느낄 수 있었다. 문제는 방문이었다. 닫으면 닫혀있어야 할 문이 원하지 않는 시간에 불쑥불쑥 열리는 문이.

들고날 때마다 인사를 하는 식구들 때문에, 언제 열릴지 모르는 문 때문에, 나는 불안하고 초조했다. 아들은 출근하고 퇴근할 때 두 번만 대비하면 되니 괜찮았다. 아이들도 학교에 오고 가는 시간을 짐작할 수 있어 괜찮았다. 하지만 며느리는 그게 아니였다. 노크는 하기는 했지만.

친구가 함께 컴퓨터를 배워보자고 했다. 잘됐다 싶었다. 내 나쁜 습관을 고치려면, 중독 상태에서 벗어나려면, 집에서, 방에서, 나가야 했다. 외출시간을 늘려야 했다. 당장 컴퓨터 강좌를 신청했다. 가족들도 내 의욕을 환영해줬다. 아들은 그날로 컴퓨터를 사주기까지 했다. 열심히 배웠다. 자꾸 잊어버리는 통에 몇 번이고 반복해 강좌를 들었다.

새로운 문제가 생겼다. 컴퓨터를 다룰 수 있게 되자 인터넷 속 사진과 영상에 빠지게 된 것이었다. 하루 종일 화면을 들여다봤다. 화면 속 그들의 표정을 살피고 그들이 하는 짓을 보고 있으면 하루해가 빨리 졌다. 어느 날이었다.

"어머, 아버님!"

너무도 놀라 뒤도 돌아보지 않고 컴퓨터를 껐지만 이미 문은 닫혀 있었다. 화면 속 남녀에 열중하는 바람에 외출에서 돌아온 며느리의 노크 소리를 듣지 못한 것이었다.

한 번 터진 일은 여기저기서 자꾸 터졌다. 뭔가를 두고 갔다며 되돌아온 며느리와 하필 그 아이 방에서 마주치기도 하고, 감쪽같이 붙여놓은 며느리의 편지에서 무슨 흔적이라도 봤는지 아들에게 한 소리 듣기도 했다.

그렇게 시작됐다. 여전히 따뜻한 밥을 지어주고, 옷을 세탁해

주고, 잠옷까지 다려주었지만 그 아이는 나를 쳐다보려 하지 않았다. 할 말이 있을 때도 방문 앞에 선 채 문을 열지 않고 했다. 며느리가 판화를 하겠다며 화실에 드나들기 시작한 것은 바로 그즈음이었다. 집을 합치고 채 2년이 안된 작년 이맘때….

눈을 감아본다. 눈을 감은 채 아까 며느리가 하던 것처럼 발을 떼어본다. 첫 발은 어떻게 내밀었지만 두 번째 걸음부터는 쉽게 내디뎌지지가 않는다. 한 팔을 앞으로 뻗은 채 발을 디뎌본다. 조금 나은 듯도 싶다. 세 걸음, 네 걸음, 다섯 걸음….

까가각, 짹짹, 구구구, 새소리가 들린다. 사라락, 사라락, 바람 사이로 풀 스치는 소리도 들린다. 졸졸 물 흐르는 소리와 벌레가 튀어 오르는 소리, 멀리 개 짖는 소리와 자동차 경적까지, 많은 소리들이 귓바퀴 안으로 몰려온다.

머릿속으로 언젠가 본 영화의 장면이 지나간다. 심장이식을 받은 주인공이, 심장의 전주인 그러니까 심장을 이식해준 사람이 누구인지 모른 채, 그 사람처럼 생각하고 행동하고 있었다. 그것은 이식받은 사람이 이식해준 사람의 남은 인생을 대신 살아주는 것과도 같았다. 불쑥 엉뚱한 생각이 머리를 스친다. 만약 내가 며느리에게 각막을 준다면, 그 아이도 나처럼 보게 될지도 모른다는, 나처럼 느끼게 될지도 모른다는.

그래, 너도 내 눈을 달아보렴. 내 눈으로는 아무리 너라도 어쩔 수 없을 게다.

내 입에서 흘러나오는 탄식과도 같은 푸념에 스스로 놀라 눈을 뜬다. 지나가던 남자가 호기심어린 눈으로 나를 쳐다보고 있다.

편집후기

노숙자 발목같이 시린 겨울, 언 땅에 씨를 뿌렸나요. 움직임 없는 태동을 걸어 잠그고 기다리고 기다렸나요. 마른 잎 속에서 여린 잎이 수줍게 올라와 한 잎 한 잎 행을 가르고 있나요.
아무리 추워도 봄이 오고 있었네요. 한 알의 씨앗이 싹이 터서 한 단어가 되고 문장이 되고 나무가 되었네요. 퇴고를 위해 머리를 맞대고 고민하던 동서 회원님들 고생하셨어요

- 홍성남

편집후기를 쓰려니
어쩐지 올 한 해가 다 간 것 같습니다.
이제 지금까지 쓴 글들을 고이 접어두고
새 글을 쓰기 시작해야겠지요.
초고에서 퇴고까지 온 정성을 쏟아낸
문우 여러분께 고마움을 전합니다.

- 한태경

축포를 터트리 듯 쏟아놓은 푸릇푸릇한 계절이 한창입니다.
이 아름다운 계절에 우리의 동인지도 해맑은 웃음으로 탄생하겠지요.
따끈한 작품들이 꿈틀거리 듯 기대가 되고 설레입니다.
한 권의 동인지를 세상에 내놓기 위해 머리를 맞대고 합평에 함께 한 문우들
고맙습니다.
타인의 글을 존중하며 사랑으로 함께 한 문우들의 열정을 사랑합니다.
문학이라는 울타리를 통해 서로의 마음을 공유할 수 있는 동서문학회,
선택받은 이 자리가 더욱 소중하게 느껴지는 날입니다.
동인지 발간을 진심으로 축하합니다!!!

- 정영미

올봄은 내게 말도 걸지 않고 부리나케 이동 중이다. 괜히 아는척 했다가 무시 당하느니 소리 없이 그냥 가주는게 도와주는 것이라 생각했나보다. 한동안 못갔던 서울대공원 호숫가, 오월이 내려와 여린 잎들 세상구경 하라고 불러모으고 있다. 너희들도 사람 구경좀 해야지? 잠시 벤취에 앉아 있으니 시도때도 없이 걸었던 길이 눈에 들어온다. 저 단단한 길의 여유. 기운이 날것 같기도 하고, 기운 나게도 하고 싶고, 동인지 원고 모으면서 힘이 들기도 하고, 힘이 나기도 하면서.....

-홍숙영

글쓰기 참 힘든 시대입니다.
작가의 상상을 뛰어 넘는 일이 실제로 매일 일어나고 있으니까요.
진실과 거짓을 제대로 알기 힘든 사건이 많고 많으니까요.
사람에 대해 실망하는 일이 너무도 빈번하니까요.
그럼에도 우리는 계속 글을 쓰고 있습니다.
아직도 사람에 대한 사랑을 포기하지 못해서일까요?

-임연화

사유와 점검을 통해 글을 쓰는 일이 자기 자신을 뒤돌아 보는 반면거울 같다는 생각을 합니다. 겨우내 숨죽였던 글들이 뾰족 순을 틔우고 잎이 되어 初夏에 수확하는 기쁨을 맞이하려 합니다. 열매를 맺기 위한 사색과 고뇌, 열정을 다해서 쓴 글들을 이제 가지런히 글밭에 널어 놓습니다. 풍성한 결과물 내어주신 문우님께 감사드립니다. 정진하는 아름다운 삶과 꿈 응원합니다.

-김숙경

동서문학 14집

꽃 피워내는 자리

초판 발행일 **2018년 6월 5일**

지은이 **이병숙 외**
발행인 **김미희**
펴낸이 **몽트**

출판등록 **2012.12.20 제 2014-0000-38호**

주소 **경기 안산시 단원구 고잔로 23-12**
전화 **031-501-2322** 팩스 **031-501-2321**
메일 **memento33@hanmail.net**

값13,000원
ISBN 978-89-6989-036-0 03810

「이 도서의 국립중앙도서관 출판예정도서목록(CIP)은 서지정보유통지원시스템 홈페이지(http://seoji.nl.go.kr)와 국가자료공동목록시스템(http://www.nl.go.kr/kolisnet)에서 이용하실 수 있습니다.(CIP제어번호: CIP2018011211)」